La Manche en Travers

Jean Capdevielle
Jean-Claude Biraud

Éditions Osolasba

LA RENCONTRE

Je ne vois rien, aussi loin que porte mon regard, je ne vois rien, de l'eau une ligne d'horizon et l'avant de mon Kayak. Seule une petite aiguille m'indique mon cap, cap 156 m'a dit Jean-Pol au départ en larguant les amarres.

C'est ce que j'ai fait avec ma petite variante personnelle et peu à peu la terre a disparu, le soleil très haut, trop haut ne m'aide pas vraiment, les vagues avec des terres pas si loin que ça à leur échelle pourraient m'induire en erreur. Il y a juste cette aiguille raccrochée comme par un fil à une terre encore lointaine, invisible à mes yeux pour m'orienter en visuel et pourtant j'ai de la chance. Là, juste derrière moi il y a Jean-Claude, si ma cécité est fausse, temporaire et très subjective lui est non-voyant, il me suit avec une totale confiance, aveuglément.

Nos destins se sont liés un joli jour du mois d'Août près des Sept îles en Bretagne l'an dernier, après un simple regard. C'est moi qui ai commencé, il passait devant ma tente et j'ai cru avoir une brillante idée en disant « je voudrais bien naviguer avec toi ». Mais la décision de venir pagayer avec moi ne fut pas si simple. Ils avaient prévus d'aller visiter un sémaphore et Jean-Claude a horreur de faire le contraire de ce qu'il dit.

Annuler au dernier moment n'était pas vraiment son genre mais il avait lu mon livre, était venu à mes petits bouts de conférence et avec mes voyages au long cours je crois bien que je lui ai donné envie de me rencontrer sans m'en rendre compte.

Comme il le dit si bien il faut savoir saisir les opportunités qui se présentent. C'est ce qu'il a fait le bougre. La réponse a été concise même si elle s'est faite attendre une heure « d'accord mais je viens en kayak monoplace et tu me guides ». Il m'avait coincé et c'est moi qui étais en difficulté, devant cette volonté qui m'en imposait. Après avoir évalué la situation, une mer calme et du monde pour nous aider, j'ai cédé. Il venait d'entrer en force dans ma vie, je ne pouvais refuser « c'est d'accord, nous essayons ».

Il y avait dans le groupe sept personnes dont Pauline sa femme, Eau d'Ile, Jean-Pol de Saint-Malo qui nous avait présenté et Renée et Yves. Il m'a mis dans le bain tout de suite. Dès qu'il a mis le pied à terre pour sortir de la voiture je suis devenu ses yeux. Pour moi, c'était nouveau, il fallait tout indiquer, j'en faisais peut être même trop. « Attention au trottoir, il faut contourner la barrière, attention on descend vers l'eau et avec la mousse ça glisse ». Enfin on est entrés dans nos embarcations respectives. Je me suis rendu compte que si il ne voyait pas il avait une vraie autonomie et qu'il ne fallait pas confondre aide et assistance.

C'est une image venant du passé qui me l'a rappelé. J'avais été invité par un groupe d'andorrans à venir participer aux championnats d'Europe de Rafting et à la première réunion j'ai vu un unijambiste arriver, bien sûr je me suis levé pour lui dégager une chaise, pour moi ce n'était pas de l'assistanat, juste une manière de lui faciliter la vie. Il m'a lancé un seul regard je n'ai plus jamais recommencé, par contre avec lui, le capitaine Jordi, puisque il allait se révéler être le patron de l'équipe nous avons fait du kayak, de l'escalade du rafting, du canyoning et bien d'autres choses plus ou moins farfelues. Il a fait du parapente et surtout c'est un champion en ski puisqu'il est monté à plus de sept mille mètres en Himalaya à plusieurs reprises.

Un gars comme un autre ou plutôt un gars au dessus des autres et vingt cinq ans après j'ai la chance de le compter toujours parmi mes amis et il n'a toujours pas de jambe, enfin si elle est en Carbone et la seule fois où je l'ai vu avec ça m'a choqué, comme quoi notre regard sur les autres est parfois étrange. Mais nous ne sommes pas là pour parler de lui.

Le sujet du livre est Jean-Claude Biraud, non-voyant qui est en train de relier l'île de Jersey au port de Saint-Malo en kayak avec l'aide d'un guide et de trois kayakistes de sécurité.

Donc nous revoici dans le port de Trébeur-den. La première question c'est moi qui la pose.

« Comment on fait ? Que dois-je te dire ? » Les deux nous restons un peu en silence, oui c'est quoi le mode d'emploi ? Jean-Claude m'explique : « Première règle, il faut faire du bruit » Simple mais pourtant pas toujours aussi évident qu'il y parait et oui, je suis plutôt du genre à passer des heures en silence mais je vais faire un effort. Ensuite nous mettons au point des instructions sans équivoque. « A droite, à gauche, c'est bon viens vers moi, passe sur mon côté gauche, côté droit, stop, recule. Attention il y a un caillou, des vagues, etc »... Le ton de ma voix donne la vitesse d'exécution des instructions auxquelles il doit répondre. Plus je crie, plus il doit réagir, c'est simple en théorie, et en pratique la sauce a pris en très peu de temps.

Bien vite je me rends compte qu'il a des facilités et que moi j'arrive à anticiper ses mouvements suffisamment à l'avance pour pouvoir le sortir d'éventuelles difficultés avant même qu'il ne s'y mette. J'essaye de lui donner le maximum d'informations sans toutefois lui dire tout, ce qui pourrait devenir perturbateur au final. C'est bien connu, trop d'informations tuent l'information et dans son cas je ne connais pas sa faculté de résistance au stress. Avant d'arriver dans un endroit avec des obstacles je le lui décris sobrement et je mets mon corps en protection de manière à le repousser hors des ennuis s'il rate sa trajectoire.

Je regarde nos compagnons et peu à peu ils s'écartent de nous, nous laissant seuls, du moins ils sont à bonne distance. Moi, j'enrage, si il y a un problème je devrais me débrouiller, je ne dis rien vu que Jean-Claude a besoin de me sentir fort et d'avoir confiance en moi, mais je n'en pense pas moins. La réponse à cette distance exagérée entre nous viendra en fin d'après midi.

Lors d'un passage dans des récifs, il me demande de l'amener suffisamment près pour passer les mains dessus, pour les caresser, pour être en contact physique avec eux. Je comprends que de rajouter le toucher à son ouïe lui permet de se faire une image plus précise de son environnement, dans ce cas-là, la texture du rocher. Bien sûr avec la mer qui bouge même si elle n'est pas violente c'est un petit peu mission impossible mais je trouve un endroit suffisamment abrité pour qu'il puisse palper les blocs qui nous entoure. Après une approche compliquée il peut enfin se faire une image du relief qui nous entoure grâce au contact direct de la roche sur ses mains.

Sa foi en moi presque immédiate me surprend, son abandon de soi à l'autre est total et pourrait être catalogué soit d'inconscience soit d'une capacité extraordinaire à faire confiance aux autres et à la vie en général. En effet, même si j'ai guidé des gens pendant vingt ans dans des conditions parfois extrêmes au milieu de dangers très réels ils avaient tous leurs sens pour pouvoir dire : « Stop ! On arrête ce jeu. » La vision dans ces aventures était le sens le plus utilisé et le libre arbitre de chacun pouvait jouer. Dans le cas de Jean-Claude, même si il me connait un peu de réputation cela fait à peine quelques heures que nous nous côtoyons et il suit mes consignes à la lettre sans même pouvoir analyser le pourquoi de mes instructions. C'est très valorisant pour moi cette confiance aveugle mais aussi très dangereux humainement parlant si je fais une erreur. Il a laissé dans mes mains toutes les responsabilités. La réussite de notre sortie dépend uniquement de mes décisions, ma concentration est exacerbée, ma tension totale, je ne veux pas faire cette petite erreur de jugement toujours possible et le décevoir.

Le temps passe et nous nous faufilons entre tous les obstacles que nous rencontrons. Je m'amuse à calculer sa trajectoire pour le faire passer dans toutes les difficultés que nous traversons en sécurité ce qui parfois est loin d'être simple. L'osmose se fait, le guidage est de plus en plus facile. Sur une traversée en pleines eaux j'oublie même de lui parler pendant un très grand moment et à ma surprise il arrive à me suivre sans problème, étonnant. La marée est vraiment descendue et pour le pousser dans ses retranchements je l'amène dans une allée au milieu de parcs à huîtres. Même moi, je dois faire attention à ma trajectoire et sur l'ensemble du groupe, personne ne s'y risque vraiment, pourtant il arrive au bout sans anicroche, je suis perplexe.

Lui m'explique qu'avec ma voix je dois faire comme si il était un kayak téléguidé. L'expression est forte mais pas si dénuée de sens que cela. Quand je lui dis d'aller à droite, il tourne à droite, si j'amplifie le son de ma voix il accélère le mouvement sans même discuter ma décision, sans même savoir le pourquoi de la chose et ce doit être une sensation assez terrifiante ce : « je t'écoute et je le fais » mais sans savoir, sans en connaitre la raison. Nous voulions atteindre le camping par la mer mais le niveau de l'eau est trop descendu alors nous repartons vers le port joyeusement et en riant.

Il y a des hauts fonds et nous risquons de nous échouer bien des fois. La petite équipe revient au bord sans encombre et tous les deux nous restons à l'écart.

Pour comploter, non, bien sûr que non, je veux comprendre comment il fait, ce qu'il voit réellement et parler un peu. En fait à part sur des gros contrastes de lumière il ne me distingue pas mais il me ressent et sait où je me trouve pratiquement tout le temps sans même le son de ma voix. Certains diraient qu'il voit mon aura, d'autres que c'est grâce aux ondes-électro magnétiques dégagées par nos corps respectifs. Tant qu'il n'y a pas d'éléments perturbateurs tels que bruit soudain, mouvement d'eau inattendu, bateau qui se met entre nous, ça marche. Je suis très étonné par cette discussion surtout que j'avais le même type de sensation que lui sans pouvoir mettre de mots dessus. Je me rends compte que je savais également où il était la plupart du temps sans même le voir. Il se sentait aspiré vers moi comme entre deux vélos.

Nous nageons en pleine science-fiction, mais on parle souvent de télépathie entre des jumeaux, de gens de la même famille qui se blessent en même temps, d'appel téléphonique à l'instant où on pense à l'autre et la liste pourrait être longue.

De part son métier de kinésithérapeute et sa cécité c'est possible qu'il ait développé ses sens suffisamment pour être capable de ce genre de connexion. J'ai vu de nombreuses choses dans ma vie que je peux relier à ce genre de phénomène et j'ai plutôt tendance à y croire. Les autres nous appellent et nous revenons sur terre. Ce qui est sûr c'est que nous avons vécu un grand moment de kayak.

Je débarque, Pauline reprend en charge son homme. Je demande à Eau d'Ile et Jean-Pol pourquoi ils se sont éloignés si loin de nous un peu sèchement. La réponse est brève. « C'était tout simplement beau de vous voir naviguer et nous ne voulions pas vous déranger ». J'en reste les bras ballants et finalement décide de sourire plutôt que de grogner. Je l'ai ma réponse, c'était beau. Nous chargeons les bateaux et retournons vers le camping, heureux, même si je souligne que pour la sécurité ce n'était pas génial. Ils se moquent un peu de moi et un superbe repas nous attend où l'actualité du jour est bien sûr notre petite sortie. Un kayak Biplace avec un aveugle c'est étonnant, un aveugle tout seul sur l'eau c'est du jamais vu ou presque.

La soirée est pour moi la dernière avec eux, demain je repars vers les Pyrénées. Nous nous promettons de nous revoir et de refaire un tour ensemble. L'idée est lancée mais la vie fera que la connexion se reproduise. Ces changements radicaux dans la vie m'ont toujours interpellé et plu. Les kilomètres défilent et ce qui vient demain s'impose peu à peu, la routine, le train train quotidien qui m'ennuie tant approche. On était bien sur l'eau quand même, dommage de devoir rentrer.

Mais c'est quoi qui le fait bouger ce Jean-Claude Biraud ?

La terre, le ciel, la mer. Trois espaces de liberté sur notre jolie planète bleue. Randonner dans la campagne, planer dans les airs, voguer sur les océans, nous permet de profiter de ces trois univers qui nous ont été offerts. D'ailleurs, notre ami le canard a tout compris. Il peut courir, voler et flotter. Ça ne fait pas beaucoup de phrases pour se présenter et pourtant.

Cet homme à besoin d'espace libre devant lui, il a envie d'avoir des ailes qui lui poussent, monter jusqu'au plus haut des sommets, et partir loin, loin au large. En fait il demande juste d'avoir la liberté de parcourir le monde et ses paysages à sa guise.

Partout sur terre il rencontre des endroits clôturés, réglementés, fermés, des villes et leurs trottoirs. Si les trottoirs sont le refuge des piétons et la chaussée pour les véhicules, lorsque la vue fait défaut ce n'est plus du tout la même histoire. Les poteaux de signalisation de temps en temps sont à droite, à d'autres endroits ils sont à gauche. Les arrêts d'autobus barrent le chemin, les bornes à incendie, les bancs publics, ils mettent tous à rude épreuve ses tibias et ses fémurs. Les crottes délivrées par nos amis à quatre pattes ne deviennent plus qu'un détail. Tous ces obstacles ont un point commun : ils sont silencieux.

La sécurité pour lui est donc de marcher sur la route. Mobylettes, voitures, camions sont en effet suffisamment bruyants pour qu'on puisse bien les entendre et les localiser. Il ne lui reste plus qu'à parier sur la bonne humeur des pilotes de ces différents engins. A la campagne, marcher le long des routes n'est pas un problème.

En revanche, la flaque est toujours prête à l'accueillir ainsi que le fossé qu'il n'a pas prévu.

Les buissons de thuya ont le sens de l'hospitalité, ce qui n'est pas le cas des ronciers. Les hauts sommets avec leurs chemins accidentés eux ne sont plus devenus que des rêves pour son imaginaire et les endroits fermés resteront tout aussi inaccessibles.

La terre hors de son chez lui, de son espace habituel est devenu un endroit dangereux où le silence est souvent l'ennemi, limitant ses déplacements, l'emprisonnant. L'obstacle silencieux, à chaque choc, et ils ne sont pas rares, lui donne de la colère contre les gens qui les ont mis innocemment. A chaque fois il lui faut puiser au plus profond de lui-même pour surmonter sa douleur, pour repartir le plus rapidement possible, physiquement et moralement. Le bruit, le fond sonore est devenu son allié, un réconfort pour pouvoir se déplacer. Pourtant aller vers une terre inconnue, inexplorée sans son épouse devient un sujet d'inquiétude chaque fois plus présent en lui.

Juste au-dessus il y a le ciel, là haut. Plus de routes qui contraignent à un circuit prédéterminé, plus d'obstacles qui se mettent devant vous pour vous empêcher d'avancer. Le compas devient l'instrument de direction. Si l'on veut aller au nord, il suffit de mettre le cap à 0° et l'affaire est faite. Au sud, 180°. Ca parait aussi simple que ça. Si l'on désire voir un paysage, il suffit de monter. Si l'on veut observer un détail, il suffit de descendre. S'affranchir de la loi de la gravitation universelle, et s'envoler dans les airs, n'est malheureusement pas une chose aussi facile qu'on peut l'imaginer. En tant que déficient visuel, maîtriser seul un parapente, un deltaplane ou un avion lui semble complètement irréalisable. Les vols en biplace ne lui laisseraient pas assez d'autonomie dans ses décisions. Ce serait quoi le plus dur au fond ? Tout simplement de revenir sur terre ou bien de la quitter. Comment faire pour appréhender la hauteur du sol au moment de se poser ou de décoller ? Pourtant la liberté en haut est bien réelle mais inaccessible et il n'y a pas d'abribus pour se cogner dedans, dommage que cela reste un rêve d'avoir la tête dans les nuages.

Le troisième et seul espace qu'il reste, c'est la mer. Vendéen d'origine, pour lui, la mer a toujours été un univers magique. Enfant, aux Sables d'Olonnes, lorsqu'elle était calme, isolé, à l'abri des bruits, il appréciait l'ondulation des algues sous l'eau et devinait les variations de couleurs. Il avait plaisir à plonger autour des rochers et à deviner les berniques accrochées. De temps en temps, par chance, il apercevait un ou deux poissons passer non loin de sa main.

Lorsqu'il faisait des châteaux de sable, prévoir qu'ils ne soient pas envahis et détruits par cette dernière devenait le grand enjeu. Enfin, la mer lui offrait des vagues dans lesquelles il avait toujours plaisir à surfer. Quelquefois, une de ces masses d'eau plus forte que les autres le poussait vers le bord, puis le happait vers le large.

La découverte de la puissance de la mer et de sa liberté à réaliser ses désirs commençaient à le fasciner et à l'attirer. Assis sur la côte, c'est donc par la pensée qu'il est allé en premier se promener sur la mer puis avec des dériveurs ces petits bateaux aux voiles qui dansent sur les flots.

Mais sa cécité le contraignant de plus en plus, jour après jour il s'est tourné avec Pauline son épouse vers un frêle esquif qui a fait le tour du monde de nombreuses fois. Le kayak et son silence, le kayak et son autonomie.

Quand il embarque dans son esquif, il prend plaisir à partir, c'est en mer qu'il rejoint un monde silencieux où chaque bruit, chaque son prend de l'importance. Pendant que sur la côte les enfants crient et chahutent sur la plage, que sirènes et klaxons se battent, que les moteurs rugissent, qu'un amas de brouhaha envahit son cerveau l'empêchant de réfléchir, au large il est à l'écoute du moindre tintement mélodieux du clapot. Le doux son du vol d'une mouette qui passe non loin de lui sera un plaisir.

Sa non-voyance a exacerbé son ouïe, pouvoir analyser chaque murmure qui court autour de lui est devenu un privilège qui l'enchante alors que dans le monde moderne il n'entend plus que le cri d'une énorme machine qui détruit ses tympans malgré le fait qu'elle représente une certaine forme de sécurité. Au large, il repose ses sens et respire. Il est libre d'aller où il veut sans se faire mal, libre de prêter attention ou non, libre de se fondre dans la grande bleue. Libre de se déplacer à sa guise.

LE PROJET

Deux mois plus tard je reviens en Bretagne pour présenter mon nouveau livre. Dans la voiture une idée s'infiltre puis explose dans mon cerveau : « et si on traversait la Manche ? ». Une idée saugrenue, un clin d'œil à la vie pour un non--voyant, un cadeau pour les deux.

L'idée en l'air présentée comme telle fait boule de neige et se répand de port en port de maison en maison comme un ouragan à travers la Bretagne. En trois jours une dizaine de personnes sont déjà à pied d'œuvre, cherchant du matériel, des informations, des équipiers et tout ce qu'il faut pour une telle expédition.

D'idée j'en suis au projet, complètement dépassé par les événements. Je sais bien que j'ai envie d'action mais là tout le monde me prend à contre pied et il semble que le temps presse pour tous. Moi j'étais juste venu présenter mon livre et évoquer la possibilité, l'idée qu'un jour peut être nous pourrions éventuellement faire une sortie un peu différente, du coup je m'y mets et j'emballe encore plus les rencontres et demandes pour faire de ce rêve une réalité. L'idée est devenue un projet, je suis encore piégé par mes envies.

Sauf que le principal intéressé n'est pas au courant. Un coup de fil à sa fille « qu'en penses-tu ? » « Il va lui falloir deux minutes pour dire oui ». Le téléphone sonne, quelqu'un décroche une simple question « tu veux traverser la manche avec moi ? », vingt secondes de silence « oui, d'accord, dans trois jours nous te rejoignons en Bretagne pour en parler et nous entrainer ».

Il me l'avouera plus tard mais depuis de longs mois il se sentait fatigué et sans vraiment beaucoup d'intérêt à ce qu'il faisait, bien sûr il faisait son métier avec cœur mais il allait plus dans un sens de service minimum que d'envie de grandes recherches. Après avoir raccroché, de l'énergie est entrée en lui et il s'est senti bien plus léger et prêt à découvrir le monde entier, le challenge de ce rêve un peu fou avait des applications immédiates sur sa vie de tous les jours, être motivé pour aller plus loin dès le réveil.

Je ne sais pas si je le lui ai dit mais pour moi c'était un peu la même chose, l'aventure de mon métier d'écrivain me passionne mais j'avais aussi besoin de vivre quelque chose de neuf, de beau, de fort, et de laisser les faux semblants sur le rivage. Car avec la mer on ne peut pas mentir, toutes les erreurs se payent dans l'instant et elle n'accepte que les cœurs purs. Serions-nous à la hauteur de ce challenge gratuit mais pas anodin ?

Encore une fois la vie bascule, qu'ai-je fait ? Je doute, l'organisation, le budget, les autorisations, la sécurité, monter une équipe, ce qui était une simple idée est déjà devenu lourd. Je suis inquiet et commence seulement à entrapercevoir le fossé qu'il y a entre une jolie phrase et la réalisation d'un projet d'une telle envergure.

Je reçois de l'aide mais il faut canaliser, orienter, évaluer, évoluer, créer. Je n'ai pas envie de décevoir ce nouveau partenaire car pour moi il n'est pas un « client » mais il va devoir s'investir dans le projet.

C'est une histoire entre deux hommes et leurs faiblesses, entre deux humains et leur force que nous allons devoir écrire. Ou nous travaillerons d'égal à égal ou cela ne se fera pas, je ne veux pas d'un sac de pomme de terre que je trimballe. Après tout il est aveugle mais il a sa tête, sa langue et tout le reste fonctionne alors je ne vois pas de raison de lui mâcher le travail. Je ne suis pas un sauveur, là, pour sauver les bonnes âmes chacun sa part et ça commence dès à présent.

Jean-Claude et Pauline arrivent, le binôme est devant moi, Un regard, une question « on va vraiment le faire ? » « Pourquoi pas ».

Je suis engagé jusqu'au cou, j'aurais mieux fait de me taire. Pauline sort à peine de l'hôpital et ils viennent de traverser la France pour me voir malgré l'avis des médecins. L'enjeu qui n'existait pas encore il y a une semaine est en train de prendre une dimension inattendue et je ressens que c'est vraiment important pour tous.

Tout ça pour un regard vers un gars qui passe devant ma tente et qui accepte une invitation en me défiant carrément, et moi je suis assez fou pour accepter mais en plus pour renchérir. Le pire c'est que nous sommes tous heureux en train de comploter sur les plans de notre prochaine navigation. D'ailleurs deux kayaks prêtés par le concessionnaire de Brest sont sur le toit de la voiture et nous allons les essayer immédiatement. Notre navigation et surtout notre état d'esprit ont bien changé entre cet été et ce jour.

Maintenant on ne joue plus, on teste, les kayaks et surtout les hommes. Notre relation vient de changer radicalement, si elle était forte l'été passé maintenant elle devient vraie et pure, les faux semblants sont abandonnés au moment où nous arrivons sur le port de Morgat sur la presqu'île de Crozon, là où s'achève la terre et commence la mer.

Les cadeaux sont finis et aucun des deux n'hésite plus à mordre l'autre même si cela ne fait pas plaisir. Un chat est un chat, pas une bête avec du poil et quatre pattes de la famille des félins, pour parler en clair chacun pousse l'autre dans ses retranchements, jauge, analyse et critique à chaud les erreurs de chacun mais également ses qualités et nous ne faisons pas dans la diplomatie de salon petit bourgeois.

Nous nous offrons ce que peu de gens ont : une relation vraie et directe. Moi, je regarde ses failles techniques, ce n'est pas un expert en kayak et je dois savoir quelle est la limite de ses capacités de navigation en mer. C'est moi qui devrais décider en fonction de la météo et des difficultés probables que nous rencontrerons si nous faisons notre tentative ou pas. Lui met mon guidage à rude épreuve, il doit connaitre la limite de la confiance qu'il peut m'accorder, savoir quand il est seul et quand je suis là, se rassurer sur mes compétences.

Plusieurs personnes, dont Jean-Pol, le Malouin nous accompagnent vers le cap de la chèvre, grâce à leur soutien et l'aide qu'ils peuvent nous apporter, je n'hésite pas à le faire passer dans des coins et des recoins. Parfois je prolonge mes silences ou ne lui donne que des bribes d'information pour le mettre en difficulté.

Lui, m'oblige à redire ou n'écoute plus mes instructions pour voir à quel moment je m'énerve et perds patience. Il lui reste un peu de vision périphérique et veut que j'y sois pour pouvoir me discerner mais il faut que je sois à une distance et sous un angle bien définis ce qui m'agace parfois. Le fait qu'il écoute plus les autres et se détache de moi par moment mets mon ego en difficulté : « C'est qui le guide, moi ou les autres ? » Pourquoi je me fatigue à parler si les autres sont mieux que moi ? Non ! Vraiment nous ne sommes pas dans la diplomatie, ni la démocratie, nous sommes dans un combat de coq et les deux veulent gagner en s'imposant à l'autre.

Le combat va durer jusqu'au retour où avec la fatigue chacun va accepter sa tâche avec plaisir et finalement contentement mais quel combat d'Ego.

Nous nous confrontons peut être plus que nécessaire.

Nous n'hésitons pas à faire monter la pression entre nous même si les autres peuvent ne pas la ressentir. La mer étant un des rares endroits où il est vain de mentir, nous transformons notre relation elle devient vraie et parfois dure. Personne ne fera de cadeau à l'autre, si le couple doit exploser alors que ce soit de suite. Les dés sont lancés nous verrons bien le résultat. Le premier Test humain entre nous a eu lieu, les difficultés de chacun sont apparues et nous nous sommes reconnus dans nos fonctions respectives.

Lui en tant que héros qui doit franchir ses limites à chaque instant pour arriver au but, moi en tant que guide au service de l'autre prêt à assumer ses « caprices » les éléments sont en ordre, les coqs chanteront de concert ce soir et pas l'un contre l'autre. En mangeant ensemble nous sommes dans l'enthousiasme plus que dans l'exaspération.

Les premières failles sont apparues, j'ai une relative extinction de voix à force de parler voire de crier, un début de Torticolis d'être tout le temps en train de regarder derrière. Je crains de ne pas tenir sur la distance. Si mes instructions semblent correctes elles ne sont pas parfaites et ma moindre hésitation le pousse à la faute. Il est très attiré par tous les éléments « perturbateurs » qui nous entourent et chaque fois que je relâche ma concentration je le perds et lui s'égare.

Je ne suis vraiment pas en forme même si je n’ai pas vraiment eu de souci majeur lors de cette sortie mais deux ans d’inactivité physique dans un bureau à écrire des livres ça se paye. Jean-Claude lui a besoin de me sentir présent continuellement, encore plus à terre que sur l’eau. Son niveau technique de kayak n’est pas très élevé mais le plus gros souci est qu’il ne peut pas anticiper sur des événements comme une houle changeante. Son attirance pour aller voir de très près les obstacles disséminés sur notre chemin n’est pas qu’une impression. Par contre ses capacités physiques sont énormes sans parler de sa volonté et il en joue.

Nous avons tous les deux du caractère et c’est un doux euphémisme de le dire. Aucun des deux n’est dans le compromis c’est une force mais aussi un gros défaut car il nous est très difficile de trouver des accords et les négociations sont assez violentes. Mais vu que nous allons dans la même direction la cohabitation se passe plutôt bien pour des compétiteurs dans l’âme, pour des têtes de mules comme me le fera dire une journaliste avec un sourire. Je ne sais pas lequel est le plus dur, lequel a le plus de volonté mais nous devons être assez impressionnants ensemble.

Nous abordons un nouveau sujet important facteur de réussite, l'argent. Sans lui nous ne pourrons rien faire. Nous commençons à essayer d'évaluer un budget, il grimpe vite, entre matériel divers, transport des uns des autres, courriers, la liste s'allonge et il est difficile pour l'instant de l'évaluer par manque d'éléments réels. Cette partie a toujours été un problème pour moi lors de mes expéditions qui se sont toutes faites à minima et j'aimerais bien que ça change un peu. Jean-Claude et Pauline devant mes craintes décident de s'en charger, à moi d'évaluer nos besoins.

But du challenge que ça ne coûte rien aux intervenants. Ils ne semblent pas inquiets pour ça. Moi par contre autant je me sens le patron sur l'eau autant sur terre dans le monde des hommes je suis moins à mon aise.

Bien sûr, il est plus facile de trouver des fonds quand on est non-voyant que quand on est valide en pleine forme, la cécité fait peur et fait pleurer les chaumières ça aide un petit peu.

Mais il ne faut pas se leurrer, rien n'est simple dans la vie et sans le formidable travail qu'ils réaliseront les mois suivants nous n'aurions eu aucune aide.

Une autre question est abordée, il faut que nous décidions si nous médiatisons l'histoire ou pas. Les gens de la concentration de kayakistes où nous nous trouvons nous ont suggéré de faire appel aux journalistes, que le sujet était vraiment intéressant.

J'ai décidé d'en laisser le choix à Jean-Claude vu que c'est une sortie pour lui, même si ne nous voilons pas la face, je le fais également pour moi. Le non-voyant est d'accord avec l'avis de la masse, nous allons essayer de le médiatiser. L'expérience est belle, novatrice, emblématique, du pain béni pour un gratteur de papier. Pourtant il y a un Bémol que nous désirons tous les deux, nous n'allons pas parler de Handicap, mais qu'en rencontrant les personnes adéquates et avec un petit coup de pouce n'importe qui peut réaliser un exploit à son niveau au cours de sa vie.

Nous ne jouons pas sur la fibre du pauvre petit handicapé que le gentil guide vient aider, mais sur l'entraide et la coopération entre personnes saines d'esprit désireuses de réaliser quelque chose d'un peu hors du commun.

Jean-Claude en prenant la décision de tenter de trouver le financement et de prendre une voie médiatique vient de réellement trouver sa place dans l'aventure. En s'impliquant activement dans notre histoire, en prenant sa part de responsabilité. Il prend la position que j'attendais de lui, celle d'un acteur actif de ses rêves et oublie le côté client VIP dont on réalise le moindre désir et à qui on lisse les difficultés pour qu'il se sente comme à la maison. Nous sommes partenaires et pas dans une relation guide client qui m'aurait certainement fait abandonner le projet.

Je suis sûr d'ailleurs que si ma proposition avait été celle d'un sac de pomme de terre qu'on trimballe il aurait également renoncé. Certains peuvent y voir de la fierté, de l'égocentrisme pourtant nous l'avons vécu comme un échange de bons procédés, comme une équipe qui profite des capacités et des compétences de chacun tout au long des mois de préparation.

Nous avions commencé notre relation sur de la compétition entre deux coqs, nous sommes en train de la transformer en émulation entre ces mêmes personnages. Cela mène souvent au succès et surtout cela permet à chacun de trouver sa juste place, les uns palliant les faiblesses des autres.

Notre fonctionnement a trouvé ses bases il ne changera plus.

Nous rallions les bras de Morphée le sourire au coin des lèvres. Demain le mauvais temps est certain et nous allons naviguer longtemps. Le vrai test commence nous allons nous présenter à la mer pour voir si elle est d'accord pour nous recevoir lors de cette traversée.

J'ai demandé à Jean-Pol de nous accompagner en tant que kayak de sécurité, rôle qu'il a bien voulu assumer. Véronique et une autre personne se joindront à nous et oui même moi je peux me retrouver à l'eau, que ferait Jean-Claude dans ce cas là ? L'improvisation, le passage par dessus les règles de base de navigation même s'il m'est assez coutumier en général n'aura pas sa place dans cette aventure. La sécurité de mon partenaire sera la base de notre expérience. Bien que ma tête soit en effervescence je m'endors facilement.

LE TEST

Partout la tempête gronde sur la presqu'île du Crozon. Les vagues lèchent les tas de pois. Leur écume monte vers les sommets des récifs, les portes lâchées intempestivement claquent sous les coups de butoir du vent. Nous n'irons pas au large, trop dangereux. Dans la baie de Morgat c'est plus calme mais la mer est tendue, les vagues, la houle et le vent sont énervés.

Ils nous saluent et nous préviennent : il va falloir naviguer pour de vrai, les plaisantins ne sont pas admis aujourd'hui. Jean-Pol le Malouin est venu en appui avec deux autres kayakistes, on ne joue pas à la roulette russe ici. On fait ce qu'il faut comme il faut. Je guide Jean-Claude dès la sortie de la voiture. Les Safety kayak embarquent en premier, Jean-Claude suit et je ferme la marche. Nous avons sorti l'équipement lourd à cause du froid. A l'abri du vent nous longeons la côte de près vers le Cap de la Chèvre. La houle arrive de face ça monte et ça descend, c'est plutôt gentil que méchant. Jean-Claude se débrouille assez bien mais je suis obligé de me contorsionner sans arrêt pour le localiser et suivre son évolution.

Le jeu de la journée est simple, ça passe ou ça casse, c'est l'examen final il doit me prouver qu'il est vraiment capable de naviguer de manière autonome en situation difficile. Je suis guide mais aussi juge, c'est moi qui donnerait le certificat : « Bon pour traverser la manche ». Il le sait, je le sais, nous sommes conscients que ce soir nous renoncerons ou foncerons vers la traversée, il n'y aura pas d'autre examen, pas d'autre chance.

Nous pouvons être recalés tous les deux, lui en décidant que je ne suis pas le bon guide moi en décidant que son aisance ou son niveau technique sont incompatibles avec nos envies. L'arbitre, le Jury final c'est la mer, c'est elle qui décide mais c'est moi qui délivre le diplôme. Elle est tendue mais nous aussi. Nous faisons un grand tour d'environ trente kilomètres avec plusieurs changements de cap importants et nous allons rencontrer de véritables difficultés.

Il me manque un cale pied ce qui me met en légère difficulté bien que ce ne soit pas rédhibitoire, juste un élément de gêne, mais il prendra tout son sens plus tard. Au bout d'une heure il faut faire un arrêt pour casser la croûte ça nous met en pétard, les deux nous sommes du style on fait le tour et on mange après. Il parait que le kayak de mer c'est comme ça en Bretagne, opposition des cultures entre Rémois, Pyrénéen et Breton ? Le seul intérêt de la pause est que ça nous permet de voir les problèmes que rencontre Jean-Claude en débarquant sur une plage et en repartant. Jean-Pol l'assiste et moi je débarque en dernier.

Plus je connais les difficultés de mon acolyte plus je peux les compenser.

Le souci de l'arrêt est qu'il ne sait pas exactement la distance qui le sépare de la terre ferme et si il y a des rochers devant son nez. Au fond c'est quelque chose que nous n'avions pas encore pratiqué puisque nous sommes toujours partis de cales à l'intérieur des ports et c'est un bon exercice pour répondre à une nouvelle situation relativement banale habituellement pour des voyants. Jean-Pol le bloque et tout se passe bien. Une personne pour le récupérer et l'aider juste avant le bord de plage, un autre qui reste juste derrière en mer au cas où s'il se trompe d'orientation ou tombe à un endroit où il n'a pas pied pour l'aider semble une formule justifiée. Le travail en équipe fonctionne bien et il met pied à terre dans de bonnes conditions. Le froid est cinglant et nous reprenons la mer rapidement.

Si je m'occupe principalement de Jean-Claude, j'ai quand même la responsabilité de tout le groupe vu qu'ils sont là pour me seconder. J'ai affaire à des kayakistes aguerris donc dans l'ensemble tout va bien. Nous continuons à longer la côte, le cap de la chèvre est encore loin même si nous pouvons le voir et je décide de m'écarter des falaises pour de vrai.

Certains ont des réticences à quitter l'abri relatif de la côte mais ils le savaient avant de partir, je ne prends personne par surprise, c'était le contrat. Nous nous éloignons de la terre ferme vers le centre de la passe et le vent nous vient de travers ainsi que la houle. C'est supportable mais pour nos petits esquifs ce sont des allures difficiles à gérer il faut anticiper sans arrêt la force des vagues qui nous soulèvent comme de simples fétus de paille.

L'anticipation c'est vraiment ce qui manque à mon ami, il ne peut rien prévoir et risque vraiment de subir les éléments pour finalement en devenir le jouet. Par chance la houle est relativement régulière et j'essaye de le prévenir avant l'arrivée de chaque vague ce qui n'est pas sans faille mais les éléments qui gardent un rythme régulier facilitent sa progression. Au bout de quelques minutes son adaptation est surprenante et il s'en tire à merveille. Il a appris à faire confiance à son bassin et se débrouille avec aisance même si je sens bien qu'avec des vagues plus puissantes il perdrait rapidement la partie et oui le kayak et la mer c'est un jeu avec des règles et des difficultés qui changent en fonction de la partie du jour. J'essaye d'aller le plus possible vers le centre de la baie mais tout le monde peu à peu a envie de changer d'allure en se retrouvant de dos au vent et à la houle.

Finalement je change de cap, direction Telgruc et la plage à côté de laquelle nous sommes hébergés. Ce sera notre point de chute sauf que c'est une plage de surfeurs avec des masses d'eau fortes et puissantes et je me pose la question de savoir comment seront les vagues pour débarquer mais il nous reste au moins deux heures en mer avant d'y être confrontés donc je laisse ce sujet pour plus tard avec une pensée « nous verrons bien ». La pause repas inopportune nous a donné la méthode, nous verrons bien la réalisation.

La houle est d'un bon mètre, et maintenant nous l'avons dans le dos. Sur la carte notre destination était claire et limpide, vu du large il ne m'est pas si simple de m'orienter. Je pars sur une petite erreur volontaire pour être sûr de ne pas devoir lutter contre le courant si je me trompe en me promettant à la première occasion de contrôler notre cap avec Jean-Pol qui connait bien ces eaux puisque il est né ici dans un village du bord de mer.

Les routes directes m'inquiètent toujours un peu, si la visibilité diminue il est si simple de rater l'arrivée pour quelques centaines de mètres et de ne pas savoir si il faut aller à Tribord ou Babord pour la retrouver. Avec une erreur volontaire on sait au moins de quel côté de la côte il faut aller. J'ai très souvent utilisé cette méthode héritée de la montagne sur mes grands voyages quand je n'étais pas sûr de moi et au final je ne me suis jamais réellement perdu, dans le pire des cas j'ai dû chercher l'abri voulu pendant une petite heure sachant que j'allais vers lui de façon infaillible. Anticiper le problème pour ne pas le subir est mon leitmotiv, mon créneau.

Jean-Claude, comment fait-il pour réussir à s'orienter sans sa vue ?

A défaut de voir, il sent la chaleur des rayons du soleil sur une de ses joues et vu que l'astre va d'Est en Ouest en fonction de l'heure il a une idée approximative de son Cap. L'angle des vagues le seconde, ainsi que la direction du vent qui lui donnent de précieuses indications bien sûr ils ne doivent pas changer en cours de périple ou on doit lui indiquer les changements. Ce sont des sensations tactiles du visage mais aussi du bassin. Bien souvent dans le brouillard quand la vue me manquait j'ai utilisé les mêmes sens et je crois qu'inconsciemment beaucoup de gens s'en servent également sans même s'en apercevoir.

Jean-Claude, lui, les a développés pour pallier à son handicap, mais bien sûr comme n'importe quel système, compas et GPS inclus ils présentent des problèmes. Pour étayer les failles de chacun des instruments voici quelques exemples. Chez notre ami GPS par exemple panne de batterie, absence de satellite, carte inadaptée, mauvaise lisibilité ou mauvaise interprétation sont plus courants qu'on ne le pense. Le compas magnétique comme son nom l'indique peut être déréglé par un simple objet métallique quant à la carte entre les erreurs de lecture, les erreurs d'orientation ou d'échelle et en mer le risque de dégradation très rapide dûe à l'eau salée elle est loin d'être infaillible... Vous reconnaitrez qu'il n'y a pas de solution miracle, c'est un cumul de ces différents objets qui permet d'atteindre une qualité de données reçues suffisamment fiable pour ne pas se perdre.

La base de l'orientation est bien ce qu'a redécouvert contraint et forcé Jean-Claude et que beaucoup ont oublié, leur instinct. Il faut aussi mettre en avant son ouïe, par exemple l'intensité du bruit des vagues sur le rivage lui donne une notion de la distance où se trouvent les écueils. Le fait que je lui parle et que je lui donne des instructions à suivre lui permettent de s'orienter vers moi sachant que je calcule mes trajectoires par rapport à lui.

Il y a également ce fameux sixième sens qui nous unit telle une ficelle invisible reliée entre nous. Il fait que nous ressentons très souvent la présence de l'autre sans le voir du moins c'est ce que nous pensons, mais nous sommes si peu habitués à utiliser consciemment ces liens invisibles que nous nous en méfions, l'occultant parfois.

Le cumul de toutes ces informations fait qu'il est bien moins perdu que ce que l'on peut imaginer. Finalement Jean-Claude a été chercher des solutions que nous possédons mais qui nous sont devenues étrangères : En développant ses autres sens pour pouvoir continuer ses différentes pratiques sportives et bien sûr sa vie de tous les jours. La fabuleuse adaptabilité du corps et de l'esprit pour trouver des solutions à un problème donné une fois encore est mise en évidence avec les capacités de notre homme que je ressens à chaque sortie. Bien des voyants devraient se servir de son exemple.

Vent arrière, vagues dans le dos, départ au surf nous entrons dans une troisième allure ou dimension et pas forcément la plus simple. Devant nous il reste environ vingt kilomètres à parcourir et nous pourrons juger des résultats de notre coopération. Les Safety kayak sont déployés en arc de cercle en retrait de notre équipe et la grande balade se poursuit.

Bien vite Jean-Claude fait des allers retours latéraux de plus de cinquante mètres d'un côté à l'autre. Son absence d'anticipation ne le laisse pas réagir suffisamment à temps pour orienter son bateau et il ne peut que subir les vagues au lieu de s'en aider pour rester en contact avec moi. Je me retrouve en travers à m'égosiller pour le récupérer et le remettre sur la bonne trajectoire. Les départs en surf intempestifs qu'il ne peut pas anticiper le mettent en situation difficile.

Ce qui était une simple gêne au départ pour moi devient une douleur, j'ai de plus en plus de mal à tourner ma tête d'un côté à l'autre et ma voix devient au fil des minutes de plus en plus éraillée, être guide est vraiment difficile dans les conditions où nous nous trouvons et je ne trouve pas le système malgré tous mes efforts pour stabiliser la trajectoire de mon ami qui doit faire quatre fois plus de chemin que moi. Bien sûr, nos exaspérations, nos craintes respectives diminuent la force de nos sens, nous sommes obligés de nous baser principalement sur l'ouïe et ça devient pénible pour l'un comme pour l'autre, au moins nous sommes toujours d'accord sur ce qui se passe, c'est dur. Malgré tout nous progressons rapidement mais à quel prix.

Consciemment, je décide que même s'il progresse techniquement nous ne naviguerons pas sur une mer aussi formée pour la traversée. Jean-Claude est au maximum de ses capacités, son visage n'est pas vraiment crispé ce qui me fait penser que nous avons encore un peu de marge mais sa concentration en dit plus long que ses phrases. Nous voulions un test grandeur nature, nous l'avons.

Par contre au niveau physique il ne montre aucun signe de fatigue et ça c'est très positif. Je suis moins bien que lui physiquement mais compense facilement avec ma technique de vieux briscard. La balade continue, Jean-Claude doit être complètement saoul pour zigzaguer autant, pourtant il n'a pas bu.

Je le regarde une fois de plus en mettant mon kayak en travers. Une vague arrive, est-elle un peu plus forte que les autres ? Suis-je moins attentif ? Le résultat ne se fait pas attendre, le kayak se couche, soudain l'air me manque, je suis sous l'eau, je viens de chavirer. J'en suis tout étonné pourtant il n'y a pas de doute possible, l'eau est froide. Je mets quelques instants à analyser la situation, je cherche à esquimauter c'est-à-dire à revenir à la surface sans sortir du kayak mais je m'emmêle les crayons enfin je n'exécute pas les mouvements cognitifs nécessaires à la réalisation de mon auto-sauvetage.

Sans paniquer je me rends compte que je risque de me retrouver en train de nager à côté de mon kayak, je me mets en place pour une deuxième tentative quand je vois une masse noire le long de ma coque. Sans chercher à comprendre je la saisis et revois le ciel bleu en lâchant un beau grognement de mécontentement, je sais je viens du pays des ours et c'est dans ma nature profonde de grogner.

Jean-Claude ne comprend rien à la situation mais entrainé par une vague il s'est donc senti arrêté net d'un coup sans raison apparente. « Ah c'est à moi d'assurer la sécurité et pas à toi ! » c'est la phrase que je balance juste après mon grognement. Je ne sais pas si je dois rire ou pleurer mais il vient de me sauver et de régler une situation délicate sans qu'elle ne porte à conséquence grâce à sa présence opportune. Je me sens vexé, comment a-t-il pu faire ? Encore ce fameux sixième sens ? Je lui explique ma chute, il est ébahi de m'avoir sauvé et très fier. Dans la logique des choses c'est moi qui devrais le sauver et pas le contraire.

Une question se pose dans mon esprit : Suis-je capable de l'encadrer ? Cela fait plusieurs années que je suis devant mon ordinateur et je vois bien que j'ai perdu une bonne partie de mes réflexes, même si il m'en reste encore beaucoup. Je me dis que je vais devoir m'entrainer pour être de nouveau au meilleur de mes capacités.

L'absence d'un cale-pied même si elle est bien réelle ne me suffit pas comme explication. J'ai failli rater un esquimautage qui auparavant était un geste réflexe rendu naturel par la pratique de longues séances d'entrainement et là j'ai payé le prix directement, l'avertissement n'est pas passé inaperçu, il va falloir que je retourne en piscine travailler mes appuis.

Le moral de Jean-Claude est remonté en flèche, ses épaules qui commençaient à se fléchir se sont redressées. Moi par contre je suis partagé entre rire et râler, au moins cet incident valorise mon compagnon, radoucit l'atmosphère autour de nous et nous permet une petite pause.

Dès lors notre homme réussit à contrôler de mieux en mieux sa trajectoire et je le vois bien plus décontracté qu'auparavant et bien plus sûr de lui. Une autre idée me traverse l'esprit, je fais attention à lui mais il me le rend également, il vient de le prouver nous formons vraiment une équipe, elle est assez atypique mais très puissante. Le sourire revient, au fond tout va bien, j'ai juste perdu mon foulard de tête et un peu de mon assurance mais avant de me déstabiliser complètement il m'en faut beaucoup plus.

Nous dialoguons un peu et je lui explique que de lui parler sans cesse est un effort violent pour moi et qu'il faudrait trouver une alternative. Lui aussi malgré mes efforts perd souvent le son de ma voix et il est d'accord sur la nécessité d'un bruit régulier et constant. Pourquoi pas quelques clochettes ? Simple, peu onéreux, fiable, il faudra essayer. Je reste tout de même perplexe sur la façon qu'il a eu de me sauver. Beaucoup parleront de chance. Moi j'ai plutôt envie de raccorder ce petit événement à ce fameux sixième sens.

Je me pose vraiment la question de savoir si ça existe et si nous serions capables de ne fonctionner qu'avec lui. En même temps n'importe quel navigateur utilise plusieurs instruments pour s'orienter, souvent plusieurs sens et la logique veut que nous fassions de même. Je devrais être content de cette découverte mais pourtant elle pose de tels questionnements dans les relations entre nous et même entre les humains en général que je ne sais qu'en penser. Ce petit événement n'est pas anodin pour moi. Notre rencontre, notre présence sur l'eau, notre projet est-il la découverte et l'apprentissage de ce sixième sens ?

Ce qui m'interpelle beaucoup aussi, moi qui gère si souvent les situations difficiles sans aucune aide c'est de me sentir appuyé et relayé par Jean-Claude, finalement ma sensation même si elle est relativement fausse c'est qu'il me donne plus que ce que je lui offre. En fait j'ai vraiment l'impression que c'est lui qui me fait un cadeau avec cette nouvelle aventure et pas le contraire. Oui vraiment, nous ne sommes pas du tout dans l'assistanat ou alors c'est lui qui m'aide. En fait nous nous aidons l'un l'autre, nous échangeons, lui protège son guide et moi je préserve mon acolyte, un couple presque parfait, avec une complicité très forte. Les éléments pour mener un projet tel que le notre à son terme.

Je rectifie mon Cap, la navigation est devenue moins hésitante pour tous. Tout le monde a le sourire, il reste un dernier obstacle à gérer, l'arrivée sur la plage. La marée descendante a découvert le sable. Notre comité d'accueil composé de Pauline et de quelques amis semble en retard, il n'y a personne pour nous accueillir à part quelques badauds.

Je les vois constamment ce qui me donne une précieuse indication sur la hauteur des déferlantes, les vagues ne sont pas trop puissantes mais quand même elles sont bien présentes, ce sera le bouquet final de cette navigation. J'envois donc Jean-Pol le Malouin, Véronique et Guy pour réceptionner Jean-Claude et lui faciliter l'accostage. En bon chien de berger je me place de manière à pouvoir secourir mon petit groupe.

Bien sûr je me retrouve en travers et alors que Jean-Claude file sans problème vers la sécurité de la terre, une vague me retourne et me file une bonne raclée. De nouveau la tête en bas je repasse par la case rafraichissement des neurones, eau de mer dans les sinus et une désagréable sensation d'eau froide qui se répand sur tout mon corps. L'esquimautage a claqué en une seconde et je remonte pour m'ébrouer, furieux de ce nouvel incident dû au cale-pied manquant.

Bon, au moins avec deux séances en piscine je retrouverais un niveau suffisant pour être capable d'assurer dans presque toutes les situations, la perfection ne faisant pas partie de mon vocabulaire.

J'accoste assez énervé par la qualité de ma prestation, mais les résultats sont là. Jean-Claude est radieux, lui a fait une belle démonstration de navigation et il a sauvé son guide.

Tout le monde est ébahi par sa prestation. Ok, il est bon pour le service, on va la faire cette Manche même si je l'ai en travers. Je connais ses limites, j'ai vu les miennes, on va travailler tout ça pour améliorer nos niveaux et après il nous faudra juste parcourir ces quelques kilomètres emblématiques.

La vrai préparation a débuté, la vraie décision est prise nous traverserons dès que les conditions seront réunies et ce qui était une idée en l'air ne tombera pas à l'eau mais sera un projet bien terre à terre. Les éléments sont tous là pour que nous fassions de notre rêve une réalité. Nous étions venu le chercher, nous l'avons, la quête pour la manche commence même si le chemin est encore long.

LE RECRUTEMENT

Le soir arrive, nous recevons beaucoup d'encouragements, quelques jalousies, déjà des tentatives de blocages de la part de certains, des refus polis ou des gens qui oublient de nous répondre semblant ne pas avoir entendu nos demandes.

Jean-Claude est bien plus catégorique que moi, ceux qui se mettent en travers de notre chemin c'est la porte, moi j'aurais plutôt tendance à être moins radical, mais finalement je me plie à son avis. Au fond c'est lui qui a raison je le sais par expérience même si souvent je préfère essayer de récupérer les situations perdues qui au final finissent presque toujours en ma défaveur.

Nous projetons un de mes films en fin de soirée. Je dédicace quelques livres, les gens partent se coucher. Une jeune fille se présente, Tatiana, elle espère qu'un jour elle pourra faire ce que nous voulons tenter. Elle a envie de grands projets, d'aventures. Il y a de l'admiration dans ses yeux et de cette envie qui fait qu'un jour, une porte claque et que pendant quelques temps la vie devient plus intense. Mais elle pense ne pas en être capable. Avant même d'essayer de faire le premier pas elle a décidé que ce n'était pas possible qu'elle n'y arriverait pas. J'ai envie d'en rire, pas pour me moquer mais tout simplement parce qu'avant d'abandonner il faut tenter de faire quelque chose.

Dans son cas si elle ne prend pas la décision de provoquer les événements, effectivement elle n'arrivera jamais à réaliser ses rêves alors que son corps et sa tête fonctionnent, à part ce blocage elle semble être de bonne constitution.

Elle ne le sait pas mais je cherche déjà à former l'équipe. Jean-Claude bien sûr, Eau d'Ile de Saint Pol et Pauline pour l'organisation sur terre, Jean-Pol de Saint Malo sur l'eau et quelques noms masculins sont sur ma liste personnelle. Mais depuis le départ je voudrais une fille naviguant avec nous et plutôt jeune car au final nous sommes tous au dessus de la quarantaine.

Le besoin d'une fille dans l'équipe ce n'est pas pour faire joli même si ce n'est pas désagréable mais c'est avant tout parce que ça calme le taux de testostérone des messieurs qui se sentent toujours obligés de battre leur voisin. Mon expérience de vieux guide m'a appris que la présence d'un élément féminin dans une équipe adoucit les mœurs, et évite pas mal de problèmes d'ego, alors pourquoi pas elle ?

De fil en aiguille, je lui propose de nous accompagner. Elle ne me prend pas au sérieux au début. Plan drague, ou vraie proposition ? Il faut même que j'insiste lourdement. Ce petit jeu m'amuse. Elle veut vivre des aventures comme les miennes et trouve notre projet vraiment intéressant. Elle semble avoir un niveau de kayak plus que suffisant pour naviguer avec nous, en cas de problèmes elle pourra monter sur le bateau accompagnateur. Ses yeux disent oui je viens mais sa bouche réponds que ce n'est pas possible.

Au fond elle est plus handicapée que Jean-Claude qui lui s'est jeté à l'eau en vingt secondes. Il faut un bon quart d'heure de négociations pour qu'enfin elle crie presque oui je veux venir. Elle semble avoir fait un effort énorme sur elle-même. Ma réponse est simple : « si tu veux le faire donne t'en les moyens, ça commence par le désirer et le demander à Jean-Claude ». Chacun part rejoindre son lit, pour le plan drague ce n'était qu'une proposition de vivre quelque chose de différent, une belle aventure.

Au réveil je parle d'elle à Jean-Claude. Il ne comprend pas trop pourquoi il faut une fille dans le groupe. Mes arguments arrivent à le convaincre et j'obtiens son accord de principe relativement facilement. Mais, pourtant je ne dis rien à cette presque équipière, c'est elle-même qui doit avoir l'impression d'emporter l'accord de l'homme qui ne voit pas mais qui sent les choses.

Tatiana bloquée n'arrive pas à aller le voir pour demander, il faut la motiver plusieurs fois, sa peur du refus est plus grande que son désir de venir. Je m'inquiète même devant ses hésitations, va-t-elle laisser passer sa chance ? Mon jeu pourrait être malsain puisque la décision est quasiment prise, mais je pars du principe que face à son blocage c'est elle qui doit gagner sa place pour ce dont elle meurt d'envie.

Enfin face à Jean-Claude elle fait sa requête « je voudrais venir ! » un silence qui jauge, un regard qui ne voit pas : « c'est d'accord tu viens mais il y a du travail et ce ne sera pas des vacances. » Jean-Claude a joué un peu avec elle en lui donnant l'impression qu'il n'était pas au courant, elle a dû défendre sa demande. J'avais envie de rire mais je me suis retenu. Elle non plus ne sera pas une cliente, elle participera activement à l'organisation.

Chez nous pas d'invités, « tu fais ta part ou tu t'en vas » pourrait être notre slogan. Les sourires montent en haut des oreilles, le team s'agrandit, nous sommes quatre navigants. Un ami absent fera le cinquième compagnon et il nous faudra un bateau accompagnateur. L'équipe est une réalité.

J'ai ramené les deux kayaks au magasin à Brest en remerciant pour le prêt gracieux, tout en regrettant l'absence du cale-pied. Thierry était confus, ça n'est pas dans l'habitude de la maison de fournir du matériel en mauvais état. J'en ai pleinement conscience et ne peux lui en vouloir même si j'aurais pu passer un mauvais quart d'heure à cause de ce petit manque.

Certaines personnes qui semblaient vouloir s'incruster dans le groupe mais qui posaient des problèmes avant même le début de la bataille sont déjà sur le carreau alors que nous roulons vers la Vendée.

Nous laissons Telgruc pour nous diriger vers le marais Poitevin. Tatiana repartira vers Paris dans la journée et Jean-Pol vers Saint-Malo.

La séparation n'est que temporaire, nous correspondrons par téléphone et courriel. Jean-Pol, ou plutôt ses sœurs, m'ont fait un cadeau qui n'arrivera pas à la maison, de véritables crêpes Bretonnes, délicieuses.

LE MARAIS

Les quatre voies Bretonnes. Je suis avec mon équipier et c'est lui qui me guide. Je devrais en sourire mais je suis étonné. Il a une capacité de mémorisation des distances incroyable et même si ce n'est pas parfait il est capable de me citer des points de vue des détails tout au long du chemin qui nous mène vers chez lui.

C’est Pauline au fil de leurs voyages qui les lui indique habituellement mais il se trompe rarement, surprenant, ce besoin qu’il a de se situer mais aussi logique, nous les voyants nous le faisons sans même en être conscient. Les kilomètres s’égrènent et le huis clos permet de discuter plus amplement. Au fond nous ne nous connaissons que très peu et nous avons tout à découvrir l’un de l’autre presque comme des nouveaux amants. Nous sommes en couple pour notre aventure et nous allons avoir des bas et des hauts et bien sûr des altercations ainsi que de grands moments ensemble.

Mais d’abord nous faisons halte chez son fils. Il y a là Capucine, elle ne marche pas et bien sûr ne parle pas encore, mais elle est vraiment vivante. Je ris de ses mimiques et elle m’adopte très vite. Jean-Claude me dis avec un peu de tristesse dans la voix que s’il a vu ses enfants grandir, elle, il n’a pas pu la découvrir. L’image qu’il a d’elle, il l’a construite à travers son toucher, son ouïe, son odeur, l’énergie qu’elle dégage, ce que lui raconte Pauline et bien sûr son fils et sa belle--fille. Son handicap qui ne me dérangeait pas vraiment jusque là m’explose à la figure. Ce doit être terrible de ne pas voir sa propre famille. Je m’interroge, si j’étais dans le même cas comment je réagirais à cette injustice ?

Chez Eau d'Ile à Saint Pol de Léon pendant que l'idée devenait un projet malgré moi, un verre de vin blanc est venu se jeter sournoisement sur mon ordinateur portable. Malgré tous mes efforts et prières je ne peux plus l'utiliser. Il contient les fichiers de mes livres et tous mes trésors. Bien que j'ai des sauvegardes sur disque dur externe sa perte serait un dur coup pour mon petit univers. Il ne reste guère d'espoir de le ranimer. Pourtant à peine arrivé, Nicolas le père de Capucine et donc le fils de Jean-Claude, me le prend des mains et commence à jouer du tournevis. En seulement quelques minutes il le démonte.

Après des recherches sur internet, l'usage de gaz de perlimpinpin et autres sorts magiques lancés, il l'installe sur le radiateur et nous invite à passer à table, le repas est succulent, la famille Biraud n'était pas attendue mais l'accueil est à la hauteur. Après un café bien mérité, une visite de la maison avec une chambre en forme de cabine de bateau s'impose. Nous appuyons sur le bouton ON et miracle la bête bouge, le disque dur consent à redémarrer, l'ordinateur fonctionne à nouveau. Après que le père m'ait sauvé des eaux voici le fils qui retrouve mon trésor. Deux à zéro, je me sens vraiment redevable envers eux mais aussi prévenu, il va falloir assurer le projet, j'ai intérêt à avoir l'esprit clair et sain.

Dans la voiture en repartant je lui demande ce qu'il voit vraiment. Il a beaucoup de mal à se confier et lorsque je lui demanderai de le mettre par écrit ce sera plus dur encore.

Pourtant voici sa réponse elle est sincère et honnête même si j'aurais voulu qu'il aille plus loin dans sa démarche :

A la question de savoir ce que je vois, je suis toujours extrêmement ennuyé pour expliquer ce que je vois réellement. Pour une personne voyante, l'œil à lui seul, permet de fournir une représentation précise du monde qui nous entoure.

Les couleurs, les contrastes ou la profondeur de champ sont autant de données qui sont analysés finement. En ce qui me concerne, seule une vision périphérique me renvoie quelques informations. Ma vision centrale est inexistante. Je ne vois donc plus que sur les côtés. Je ne vois plus de couleur. Mon résidu visuel n'est plus qu'un monde de contraste.(clair ou sombre). Les secteurs de l'image, où mon œil n'a pas fait son travail, ne sont pas pour autant noirs.

C'est comme si mon cerveau prenait en charge cette défaillance en créant une ambiance générale conforme au peu d'informations transmises par mon œil.

Ainsi, tous les obstacles non imaginés, non transmis par l'œil ne sont pas pour autant créés par le cerveau. C'est la raison pour laquelle si je suis seul, je peux aller directement embrasser un rocher sans l'avoir vu auparavant.

Par contre, il suffit que le rocher soit apparu légèrement sur le côté, sur ma vision périphérique, alors je pourrais l'éviter même au dernier moment grâce à ma vitesse de réaction. Si je ne suis pas fatigué, un balayage intempestif de mes yeux permet d'utiliser cette vision périphérique au maximum. C'est ainsi que je pourrais faire oublier mon handicap pendant un certain temps. Avec la fatigue, ma concentration devient moindre. Le balayage des yeux disparaît. Je me retrouve dans une bulle sans aucun repère. C'est alors que ma dépendance vis-à-vis du guide devient de plus en plus importante.

Progressivement, les informations du guide doivent devenir de plus en plus précises et de plus en plus fréquentes pour compenser ma fatigue. Ma fatigue est liée à la concentration importante réalisée au préalable. Cette création de l'image purement d'origine cérébrale fait croire au non-voyant que l'image imaginée est réelle. C'est les raisons pour lesquelles les termes de voir, en avoir plein les yeux et mettre plein la vue sont utilisés de manière fréquente dans les conversations avec les autres.

Je souffre de ne pas voir le visage de Capucine et c'est peut-être pour ça que je me désintéresse faussement d'elle.

Quand j'étais plus jeune, le début de ma maladie devait occasionner des troubles sans que je m'en aperçoive (difficulté à lire rapidement, trouble des couleurs). J'avais dû certainement commencé mon adaptation.

J'arrive à sentir les différentes couleurs. Il est difficile de savoir comment. Je le sais par la chaleur dégagée par la couleur ou s'y j'analyse la fréquence propre à chaque couleur. Toujours est-il que devant un tableau, je me sens capable de ressentir des tonalités différentes. A mon avis, j'avais commencé à développer ce procédé jeune. La résistance à l'avancement varie selon que l'on est devant telle ou telle couleur. Pour moi qui ai déjà vu, se traduit en couleur ce que j'ai déjà vu un jour. A partir de là je crois voir cette couleur avec mes yeux. En fait, je suppose que cette image est le résultat du travail de mon cerveau.

Il en est de même de la présence d'un objet ou d'une personne. Plus ma vue se dégrade plus je m'adapte doucement à cette faculté de sentir la résistance qu'offre un objet pour mes déplacements. A l'heure actuelle, j'ai tendance à sentir une notion de vide lorsqu'un obstacle est devant moi et une résistance au déplacement quand il n'y a pas d'obstacle. Je pense que je ne suis pas encore réglé et que je suis monté à l'envers.

Lorsque le guide est devant, je suis attiré car il m'offre moins de résistance à mon déplacement. Quand il y a des rochers en mer, j'ai tendance à confondre les rochers et le guide. Je vous laisse imaginer les conséquences...

Progressivement l'audition s'est affinée en diminuant le filtrage des sons ce qui revient à entendre l'ensemble des sons autour de moi. J'entends les sons quelque soit leur intensité sonore.

Le fait de moins voir a développé mon contrôle proprioceptif (pose d'appui au sol, c'est un détecteur, sensation de la position du corps dans l'espace) et la pratique du judo quand j'étais jeune a contribué à développé mes capacités et m'a aidé à contrôler mes chutes (ski, vélo...)

En terminale il y eu deux évènements marquants avec le diagnostique de ma maladie : Je dus faire un changement d'orientation scolaire de commerce à kinésithérapie et j'ai réalisé que je ne pourrais jamais avoir de permis de conduire.

Mon insertion dans la société fut beaucoup plus difficile. Après mes études j'ai perdu la capacité de lire. J'ai été obligé de remplacer les activités perdues par quelque chose d'autre de façon à mener ma vie normalement (pas de voiture donc vélo, pas lecture donc guitare, pas de commerce donc kiné).

De sport valide et compétitions valides, je suis passé à des compétitions handisport.

La dégradation de la vue a été progressive. Au début, des taches aveugles sur le champ central pour se rejoindre ensuite. La période intermédiaire a été psychologiquement difficile car je savais que ce que je voyais, je ne le verrais plus. Malgré la logique implacable, j'ai toujours été persuadé que je passerai à côté des gouttes et que ça ne se dégraderait pas aussi vite que ce que les médecins m'avaient dit. On m'a annoncé à vingt ans que je serai aveugle dans 6 mois . En Belgique, un médecin m'a dit que je continuerais à lire. La suite a montré qu'ils avaient tort tous les deux. Alors pourquoi ne pas espérer ?

Plus tard, l'aide de Pauline et de quelques autres est devenue une nécessité. Difficile à accepter. Obliger de réduire son niveau quand le guide n'est pas à mon niveau : frustration. Ne pas avoir l'autonomie complète dans ces décisions, ça engage toujours deux personnes et non pas moi seul. Les contraintes au niveau des emplois du temps (le guide n'est pas forcément libre et dispo 24/24).

A l'heure actuelle, la perte de la vision est plus importante. L'image comme référentiel devient inutile (regarder la télé sans la voir, se balader sans voir le paysage). Les sons, l'ambiance générale, la chaleur ambiante, l'intensité des signaux de fréquence, les odeurs, deviennent mes nouveaux référents.

La réaction de mes enfants à la question si l'on me donnait l'opportunité de guérir :
- Nicolas trouverait ça super chouette
- Caroline ne veut pas car ce ne serait plus son papounet

La maladie est donc ressentie de façon différente par les autres.

Le marais Poitevin, le repère de l'homme sans vue, nous y sommes enfin, canaux, rigoles, rivières un labyrinthe où l'on navigue sur ce qui s'appelle des Conches. J'attendais un marécage et au contraire voici des petits cours d'eaux bucoliques qui entourent et se faufilent autour des maisons, Si avec la fin de l'automne la verdure s'est enfuie, l'attrait de la découverte de l'endroit reste intact. Cette visite à la maison familiale est inattendue pour tous. Même la maison n'est pas prête à nous recevoir et est surprise de notre présence, sans parler du voisinage qui fait passer le mot que Jean-Claude est là et du coup les gens affluent pour se faire donner quelques soins ou lui dire bonjour. Nous sommes invités en divers lieux.

L'accueil est agréable et généreux avec déjà un goût de on y reviendra. Un bon feu a réchauffé l'atmosphère. Mon hôte me surprend une nouvelle fois, il est totalement autonome dans les lieux aussi bien à l'intérieur qu'à l'extérieur et pourtant le jardin est vraiment vaste. Il me fait découvrir ses plates, ses Bâtais comme disent les gens du pays quand ils parlent de ces bateaux typiques du marais, il y a aussi toute une collection de kayaks, de dériveurs, la visite n'en finit pas avec un homme tout a fait à son aise chez lui, ce qui est normal après réflexion.

Je ne me rappellerai de sa cécité que lorsqu'il butera dans un sac abandonné sur son passage. Ouf, un moment j'ai pensé qu'il racontait des blagues sur son handicap. Ce n'était pas fait exprès mais il est vraiment aveugle, son aisance m'en avait fait douter.

La conversation oscille entre le marais, notre projet, et sa manière radicalement différente d'améliorer la santé des gens, puisqu'il n'est pas médecin nous ne parlerons pas de soins. J'ai une douleur récurrente depuis certains événements de ma vie passée, sept ans qu'elle revient sans cesse. Plusieurs ostéopathes se sont penchés dessus aucun n'a trouvé de solutions. Il me met debout fait quatre gris-gris et me dit que c'est fini que je n'aurais plus mal. Bien que j'ai envie de le croire, j'ai des doutes.

Je sais qu'il a manipulé des énergies, touché des méridiens comme en médecine chinoise ou indienne, mais ce qu'il m'a fait est une découverte, il a utilisé une technique qui sort vraiment de l'ordinaire pour moi. Les jours suivants je m'apercevrais que je n'ai plus mal et plusieurs mois plus tard cela ne sera plus qu'un incident dans ma vie passée. Biraud Trois et moi à part une belle idée j'ai toujours l'impression de n'avoir pas fait grand--chose pour lui.

Le matin nous partons à la découverte de son marais. C'est lui qui indique les endroits où nous allons bien que je sois devant et que je rectifie sa trajectoire sans arrêt, ce qui est un effort constant pour mes cervicales. Nous sommes guides les deux, lui donne la direction à suivre moi les trajectoires. Le marais pour qui ne connait pas est un vrai labyrinthe. Sans carte il est très difficile de se diriger, tout se ressemble, rien n'est pareil et retrouver la case départ serait bien compliqué s'il n'était pas là.

J'essaye de l'observer, de voir ses défauts. Techniquement il n'est pas au point, son matériel est vétuste et obsolète. Son avantage est qu'il a un moral d'acier et une volonté de fer sans faille. C'est la première fois que nous sommes seuls sur l'eau, je suis bien conscient qu'il me juge aussi.

Mes instructions ont besoin d'être claires, judicieuses et sans hésitation. Il me faut anticiper toutes ses réactions et dans cet environnement calme et étroit mais où chaque erreur fait qu'il finit dans des broussailles ou le bord, il me faut une concentration aiguisée sur lui, constante. Très vite je remarque qu'au moment où je me distrais, attiré par le vol d'un héron ou le plongeon d'un ragondin, il finit dans des ronces et autres.

Bien sûr pour me prouver qu'il est doué il a choisi des endroits compliqués plein d'obstacles en tous genres où je ne peux pas vraiment faire évoluer son style mais où le guidage devient réellement une opération délicate à chaque instant et n'est pas de tout repos.

Un bon repas nous attend, l'après midi nous le consacrons à confectionner un calendrier et le dossier de présentation du projet qui était une idée en l'air il y a peu. Il reste un mois avant les fêtes, il faut aller vite, ce sera notre monnaie d'échange pour trouver des fonds. Sélections des photos, montage, envoi à l'imprimerie d'Orthez qui participe en nous faisant payer un tout petit prix et surtout en faisant passer notre demande devant tout le monde. C'est moi qui joue au designer avec Pauline. Tatiana en vendra à son réseau, Jean-Claude à son cabinet moi sur les salons du livre, les Malouins autour d'eux.

La liste des frais s'allongent, le transport des uns des autres, le matériel pour Jean-Claude et finalement pour moi également. Le devis grandit, grandit, si les Biraud sont confiants moi je le suis moins. Toute l'équipe est prévenue il faudra peut être mettre la main à la poche pour participer au projet. Je passe mon temps entre l'ordinateur et le téléphone, je suis entré dans un engrenage assez terrifiant. J'étais déjà surmené, là c'est le pompon, il faut aller vite très vite si nous voulons le faire pour le premier Janvier il va falloir être à cent pour cent dans le grand Bazar que nous avons mis en route.

Le premier Janvier, en hiver pendant les fêtes, quelle drôle d'idée ? Oui, c'est le jour que j'ai proposé il deviendra très vite le quatre pour permettre de fêter la fin d'année en famille et de rejoindre Calais en suivant. Il y a une raison, simple mais précise je vous laisse la découvrir en lisant un extrait du premier dossier que nous avions conçu.

La Manche en travers
La traversée d'un non-voyant Janvier 2013

La rencontre entre Jean-Claude Biraud l'aveugle qui voit loin et Jean Capdevielle l'écrivain qui va loin fut un échange de vues magnifique autour des Sept îles en Bretagne.

De cette première entrevue une amitié est née. Les encouragements, la volonté de l'un et de l'autre de vaincre leurs difficultés respectives, visibles ou invisibles, pour réaliser leurs rêves jour après jour dans la vie quotidienne les ont poussés à élaborer ce projet hors norme :

Traverser ensemble la Manche en kayak.

Si nous pouvons y voir une simple histoire individuelle d'amitié et de concorde au premier abord, on doit y voir avant tout une envie de partage. Un exemple pour tous visant à démontrer que chaque humain est capable de réaliser un exploit un jour, à un moment donné dans sa vie, s'il se donne les moyens de pallier à ses difficultés en trouvant le coup de pouce, les personnes qui changeront l'histoire. L'aventure n'étant pas synonyme de danger, il a fallu trouver un ange gardien capable de protéger le guide et l'aveugle, c'est tout naturellement que Pierre Montaland a accepté le rôle de vigie qui surveille l'horizon pour prévenir les risques et y répondre le cas échéant.

Tout cela serait vain s'il n'y avait pas un témoin visuel pour le transmettre aux générations futures, c'est le rôle de Tatiana qui par son intégration dans l'équipe pourra dire que de son beau regard elle les a vu le faire. Quatre kayaks, trois hommes, une femme et la Manche pour dire :

« Ils n'avaient pas vu que c'était impossible
alors ils l'ont réalisé. »

Quelle plus belle histoire pourrions-nous vous offrir pour bien commencer l'année ?

L'itinéraire
Folkestone (Angleterre) - Boulogne-sur-Mer (France)
20 milles marins

Cette traversée, reliant l'Angleterre à la France, est l'une des plus sûres par voie maritime, bien que l'on y rencontre de nombreux géants de la mer et des courants marins puissants. Elle a le mérite de rester en dehors des routes des ferrys. C'est donc elle qui nous a semblé la plus adaptée à notre projet, et que nous avons choisie ensemble. Naviguer en ce début d'année est pour nous un symbole : souhaiter une heureuse nouvelle année à chacun, avec la résolution de dépasser nos difficultés. De plus, réaliser cette traversée en hiver sera paradoxalement plus facile que sous la chaleur de l'été, avec un trafic maritime moins intense.

Jean-Claude BIRAUD
(Né le 6 décembre 1954)

Suite à une maladie dégénérative, il se retrouve non-voyant. Loin de réduire son envie d'aventure, ce masseur-kinésithérapeute participe notamment aux épreuves de ski nordique aux Jeux Paralympiques de Lillehammer, fait du cyclisme (Paris-brest), de l'athlétisme (Marathon de New-York), et bien sûr du kayak (intégrale de la Dordogne, raid littoral Mer...). Aimant se dépasser au quotidien, sa rencontre avec Jean Capdevielle lui permet d'aller encore plus loin, et de tenter cette traversée de la Manche.

Jean CAPDEVIELLE
(Né le 13 mai 1970)

Ecrivain, charpentier, photographe, éducateur sportif, mais avant tout grand voyageur en kayak et amoureux de la mer, il a notamment réalisé trois grands voyages en kayak en solitaire : des Pyrénées à Paris, de Sète à l'île de Malte, et des Pyrénées à Saint Jacques de Compostelle... Aimant se laisser guider par les coïncidences, une discussion avec Jean-Claude Biraud a suffi pour qu'il décide d'embarquer avec lui dans cette grande aventure.

Pierre MONTALAND
(Né le 23 avril 1971)

Spécialiste de kayak depuis 25 ans, Pierre Montaland a fait de cette discipline un art de vivre. Expert desdescentes en autonomie totale dans les territoires du grand nord canadien qu'il a sillonné pendant 10 ans (notamment avec « l'odyssée canadienne » en 2009, 1800 kms en 53 jours), lauréat de la Guilde Européenne du Raid, il gérera entre autres la sécurité de la traversée de la Manche de Jean-Claude Biraud en collaboration avec le bateau-accompagnateur.

Tatiana SAGATNI
(Née le 3 juin 1976)

Kayakiste pluridisciplinaire, sportive accomplie pratiquant le kayak-polo à un haut niveau, elle sera le ciment de l'équipe et l'unique élément féminin parmi ces 3 loups solitaires. Historienne travaillant dans un organisme culturel, elle apportera un témoignage rigoureux sur l'accomplissement de « La manche en travers ».

matériel de sécurité 675 €
Feux,lampes 280, compas 45, VHF 300, mousquetons 50

Navigation, vetements 2029 €
Gilets Xtrem Palm 203, Combinaisons sèches 719, Anorak Alaska 335, Vareuse Touring Reed Chill Cheater172, Pagaies 600

Transports 1940 €
Voitures, autoroutes
Jean 400, Jean-Claude 260, Pierre 260, Navicom 300, Tatiana 100, Ferrys (Angleterre) 320, Bateau accompagnateur 300

Hébergement 1200€
France (Gîtes) 600, Angleterre (Hotels, repas) 600

Divers 500 €

BUDGET PREVISIONNEL Total 6344 €

Une telle traversée ne se prépare pas à la légère. Pour être effectuée dans les meilleures conditions possibles, il faut des moyens (matériel, sécurité...). En collaborant avec nous, vous participez à une aventure humaine sans équivalent.

Ce qui devait prendre un après-midi va vite devenir tout le temps où nous ne serons pas sur l'eau. En trois jours nous allons nous entrainer, changer la façon de ramer de Jean-Claude, faire établir les devis, trouver une quantité de solutions aux multiples problèmes qui se présentent, convaincre les uns et les autres de nous emboiter le pas. Bien sûr avant de transmettre ces quelques feuilles de papier si importantes pour le devenir de nos envies il faudra un peu de temps mais nous avons déjà concrétisé les premiers éléments de la mise en place de nos idées, c'est-à-dire nos besoins financiers et surtout ce que nous voulons faire précisément qui est la base de tout projet qui se met en place.

Ouf ! Nous sommes sur l'eau, c'est peut être nos moments les plus tranquilles pourtant j'ai trois séances pour transformer Jean-Claude pour le faire passer du niveau initié à expert. Nous avons changé d'endroits pour pagayer. Je ne voulais plus des conches étroites, trop compliquées, trop contraignantes pour qu'il puisse progresser sereinement. Il a accepté mais un peu à contre cœur. Il découvre ses jambes, et oui paradoxalement dans un kayak ça sert beaucoup et relativement peu de gens le savent. Elles transmettent les mouvements du corps au bateau. Ensuite il faut remonter les coudes, ne plus croiser les bras, pousser au lieu de tirer sur la pagaie.

Là ça coince mon élève se rebiffe, je sens une espèce de cocotte-minute derrière moi réglée sur la position explosion. C'est un meneur d'homme et il est plus habitué à diriger qu'a écouter. Il fait de réels efforts pour se contenir mais c'est dur. Pourtant lors de la troisième séance le travail portera ses fruits et le tout sans destruction massive de tout l'environnement autour de son bateau. Il lui faudra encore du temps pour avaler, digérer et régurgiter ses heures passées sur l'eau mais les efforts de l'un et de l'autre payent.

Bonne nouvelle, Pauline a trouvé des clochettes. La fée a bien travaillé nous allons avoir la vie facilitée, mon guidage est plus facile, moins contraignant pour ma voix. Pauline, à un moment où nous sommes seuls, je lui demande conseil : « Quelle est la façon de faire de Jean-Claude sur une sortie ? Il tiendra le coup ? » Physiquement elle n'a pas peur, mais son problème est justement peut être celui-là. Il n'a pas de limite, et fonce jusqu'à exploser.

Je le sentais depuis le départ, c'est même mon appréhension première, mon instinct me le disait sans en être sûr, j'essaye de le freiner depuis le premier instant, même si c'est contraignant pour lui. Pendant une compétition à terre où on est bien encadré il suffit de s'arrêter et de patienter en attendant la voiture balai.

En mer les deux seuls endroits vraiment sûrs c'est l'embarquement et le point d'arrivée, au milieu on ne peut pas dire stop et attendre de l'aide du moins en théorie, sauf en déclenchant des secours importants. Bien sûr nous aurons un bateau accompagnateur mais le but n'est pas de l'utiliser.

Ma façon de naviguer est toute autre en raid, seul, j'essaye d'être à cinquante pour cent de mes moyens que ce soit au niveau technique ou physique. De cette manière en cas de problème je suis sensé pouvoir encore avoir des ressources pour m'en sortir mais pour faire comprendre cela à quelqu'un qui à l'habitude de se mettre à cent dix pour cent de ses capacités ça peut être très compliqué.

Ce sont deux écoles qui s'affrontent, deux façons d'être qui se choquent. Pourtant je sais que j'ai raison, il faut que j'arrive à le faire s'économiser tandis que lui essaye de me faire accélérer. C'est encore un sujet de discorde même si nous ne l'évoquons pas directement.

Décidemment rien ne va être simple entre nous, les deux nous ramons et nous nous accrochons pour faire d'un rêve une réalité acceptant nos différences qui sont celles du compétiteur prêt à tout pour gagner et de l'homme des bois qui ne s'arrêtera que lorsque sa destination sera atteinte. C'est aussi le côté plaisir d'être là et un affrontement de soi-même face à un temps ou une difficulté qui s'affrontent et les deux nous avons besoin de faire un pas l'un vers l'autre.

Lui voit la traversée comme un record moi comme une aventure et si ce n'est pas antinomique ce n'est pas forcément très compatible. Pour lui il faudra que ça aille vite pour moi que ce soit sûr en prenant le temps de faire ce qu'il faut pour ne pas échouer.

La traversée même si elle est très forte symboliquement ne présente pas une longueur dépassant l'entendement. Quarante cinq kilomètres ce n'est pas la mer à boire après tout au pire c'est huit heures de kayak. En le gérant bien ça ne doit pas poser de réelles difficultés.

Nos relations évoluent passant souvent du : Je suis enchanté de t'avoir rencontré au je te déteste et je vais te massacrer. Nous sommes réellement nature sans faux semblant. Chacun veut obtenir de l'autre quelque chose qu'aucun des deux ne veut donner. Les deux nous sommes persuadés que nous allons dans le bon sens et que l'autre doit céder, nous nous faisons payer chaque faiblesse à tour de rôle comme le ferait la mer avec un navigateur solitaire. Ca nous divise mais nous renforce, car nous restons entiers dans nos comportements et une pointe d'admiration naît du moins chez moi envers mon coéquipier. Nous devenons un vrai couple au fil des milles parcourus et des discussions avec nos contradictions, nos disputes et nos élans de générosité l'un envers l'autre.

Lui est dans le combat permanent contre sa maladie, un combat qu'il ne peut gagner juste retarder, il a vraiment du mal à comprendre que ce n'est pas une compétition. Sa vie est une compétition du matin au soir, il se bat pour garder son autonomie. Marcher dans la rue est une épreuve, le compte à rebours vers le noir absolu est une réalité de chaque instant.

Jour après jour il perd un peu de facilité de vie. Alors moi le voyant qui a le temps de voir venir les événements de la vie et de l'âge quelque part avec mes principes de précaution avec mes principes de faire les choses dans la douceur je l'énerve.

En trois jours il a le visage lacéré par les ronces, il se cogne le genou dans un muret, il a le visage fouetté par des branches. Si moi je constate lui subit. Où est la douceur dans son quotidien ? Comment lui dire vas-y doucement ? Prends le temps de faire les choses.

Justement sa vie est une course qu'il ne gagnera pas, il joue contre le chronomètre et la vitesse d'exécution est l'un des moteurs pour pouvoir réaliser les exploits de son quotidien. Demain sera plus compliqué, demain il sera moins autonome alors pourquoi se plaindre ?

Moi, avec mes petits problèmes existentiels je ne peux qu'être admiratif de cet homme qui malgré les coups de la vie ne se plaint jamais, sa dureté à la douleur est incroyable. Il a décidé d'avancer coûte que coûte malgré tous les obstacles. Encore une fois il s'impose comme un meneur, encore une fois ce n'est pas moi qui l'aide mais c'est lui qui me pousse en avant.

Après la tempête vient l'éclaircie, c'est un peu ce que nous offre Denis et sa dame. Ils font surgir l'arc en ciel après l'orage. Ils sont boulangers à la retraite mais le four à bois est là et fonctionne toujours pour les amis. Ils nous ont invités pour me faire goûter le Préfou du marais. C'est quoi ce truc ?

Tout simplement c'est le faux pain que l'on met dans le four pour tester s'il est à la bonne température. C'est ce bout de pain ou de gâteau, je ne sais quel nom lui donner, que les boulangers se réservaient alors que les étoiles scintillaient encore hautes dans le ciel.

Comme tous les milieux de nuit alors que le village dormait Denis avait mis le feu à une brindille choisie soigneusement, avec les années ce geste était devenu machinal et le feu s'allumait presque automatiquement. Les bûches s'embrasaient, il fallait quand même surveiller du coin de l'œil que la combustion se passe bien.

Le four avec ses briques réfractaires avait une forme d'Igloo pour conserver la chaleur et cuire la pâte. Les flammes chauffaient, les mains pétrissaient mélangeant la farine à l'eau rajoutant un peu de levure mais pas trop, mettant en forme la pâte régulièrement jour après jour. Les mains blanchies le faisaient avec l'attention que donne les années avec la justesse du geste qui sait ce qu'il fait.

Le thermomètre indiquait la température mais rien ne valait cette pâte mise à part et enfournée bien avant celle qui donnerait le pain pour savoir si la cuisson serait parfaite. Bien sûr les degrés Celsius indiqués auraient dû suffire mais Denis malgré tout avait besoin de son petit moment de dégustation, de son petit moment secret qui n'appartenait qu'à lui pour savoir que tout était prêt pour commencer à enfourner les miches et baguettes. Les villageois encore endormis le matin s'approchaient les narines aux aguets pour voir si le boulanger avait bien travaillé.

C'est tout cela qu'il m'offre, une part de ses secrets. La porte du four à elle seule, avec ses poissons sculptés dessus est une œuvre d'art, le boulanger un artiste. Un peu d'ail, d'huile d'olive quand on avait de la chance, un petit coup de vin complétaient cet instant de régal, jour après jour.

Un matin Denis décida donc de le faire découvrir à ses clients et il eut beaucoup de succès, c'est peut être pour cette raison qu'il est resté boulanger toute sa vie, traversant les saisons au son du feu qui pétille dans l'âtre pour ce seul petit moment de la journée.

Bien sûr je ne vous donnerais ni la recette, ni ce qu'il y avait en plus de l'ail, il ne faut pas trahir les secrets du maitre qui ne les offre qu'aux initiés. J'étais un peu sceptique en le voyant faire, pour avoir eu la chance de passer du temps dans un fournil. Je n'attendais pas vraiment de grandes découvertes gustatives et pourtant.

L'endroit me ravit, et j'eus envie qu'il m'explique le fonctionnement du four. Puis je le vis mettre la pâte près du brasier sur le côté à l'endroit adéquat. C'était bien fait sans précipitation juste avec le bon geste au bon moment. L'odeur choqua mes papilles, elle était ensorcelante et aiguisa mon appétit. Les petits pains tout blancs se doraient légèrement, gonflant tendrement.

Il sortit les ingrédients pour la dégustation. Il fallait le manger chaud, très chaud. A la première bouchée je fondis ou le Préfou fondit dans ma bouche, je ne sais. J'en voulus plus immédiatement, je ne fus plus capable de me contrôler, la notion du partage de la nourriture me devint étrangère. Il fallait que j'avale tout, ma précipitation n'était pas feinte, je voulais posséder cet instant de raffinement gustatif, remplir mon corps de toutes ces saveurs si fines. Je fus submergé par le goût. C'était tout simplement exquis, savoureux, fin peut être même que je n'avais jamais ressenti quelque chose de semblable en mangeant. Un feu d'artifice étreignit mon corps. Les fournées sortaient de l'âtre et n'avait que le temps de se poser sur la petite table avant de disparaitre. Goulument, j'enfournais les petits pains dans ma bouche. Ce fut bien à regret que nous reprenons le chemin de la maison au bord de l'eau. Le boulanger était heureux, il avait conquis un adepte de plus. L'attrait du marais avait encore grandi en moi. Le : Je reviendrai avant même de partir se fit encore plus présent dans mon esprit. J'étais conquis par cet endroit, par ces gens.

Cette manche en travers décidemment prenait une tournure bien surprenante, je m'y sentais bien, mais mes responsabilités me faisaient peur, ce besoin de ne pas décevoir était de plus en plus fort. Il fallait réussir à organiser notre petite virée.

Nous faisons un dernier point. Jean-Claude s'occupe des finances et d'améliorer son coup de pagaie moi de l'organisation générale, de la logistique et du terrain bien sûr on va y rajouter un peu de médias par-dessus et ce sera tout. La voiture démarre, nous nous séparons, et rendez-vous est pris pour le début d'année. Le voyage me sert à réfléchir. Il faut du monde beaucoup de monde pour réaliser notre « petite » sortie. Quatre kayakistes et un qui gérera notre arrivée en principe c'est Jean-Pol. Eau d'Ile et Pauline géreront l'intendance et les transports.

Pour les kayaks l'un des partenaires vient de jeter l'éponge, il faut en trouver d'autres. Je me fais une liste de matériel de mémoire : Radios, gilets, jupes, vêtements, cartes, compas, GPS, feux de détresses, kayaks et pagaies tous immatriculés, tous légaux bien sûr et la liste s'allonge encore. Nous avons parlé des autorisations car on m'a dit qu'il en fallait, moi je suis persuadé du contraire. Mais dans le doute je vais devoir me renseigner.

Le retour à la maison avec un grand sourire pour moi met la famille dans l'embarras. Encore une idée farfelue que je veux réaliser, cela faisait longtemps. Ce n'est pas forcément de gaieté de cœur qu'on me dit d'accord.

Dans mon atelier entre mes livres je passe mon temps entre E-mails et téléphone. Le couperet tombe il faut une autorisation des affaires maritimes pour le faire légalement. Ma première attitude est de passer outre, d'agir en pirate. Nous ne sommes pas repérables sur les radars, il faut qu'une patrouille tombe sur nous.

Alors que les anglais traversent de Douvres à Calais en kayak pour passer le weekend, nous, il nous faut un dossier en béton et convaincre des gens bien assis dans des bureaux du bien fondé de notre entreprise. Les anglais eux vendent carrément des prestations de bateau accompagnateurs pour faire le voyage. Dans notre cas en vertu de la loi française pour six kilomètres nous sommes hors la loi. On cherche à la détourner il y a des moyens mais Jean-Claude résiste. Il a bien assez de difficultés dans la vie pour ne pas risquer d'arriver et de se retrouver coincé entre deux gendarmes. Je lui cède, on partira légalement ou on annulera, je suis persuadé qu'il va se passer quelque chose en notre faveur que nous allons être l'exception qui confirme la règle.

Tatiana met son réseau en route, grâce à elle au fil des jours une éclaircie se précise nous devons rencontrer une des personnes les plus influentes de France sur ces sujets là pour essayer de trouver une solution.

Le temps passe, le matériel est arrivé, il faut le faire monter à Reims chez Jean-Claude. Les Rémois et Tatiana ont assurés, l'argent est arrivé, si nous ne deviendrons pas riches sur ce coup-là nous devrions nous en sortir sans perdre d'argent ce qui est déjà considérable. Les donateurs ont joué le jeu et au fond avec leurs dons ils cautionnent et encouragent notre projet. De plus il y en a d'un peu partout en France ce qui fait vraiment plaisir. Finalement il n'y a que moi qui ne respecte pas mes engagements, du moins c'est mon sentiment.

Le train roule, je pars vers la capitale et le salon Nautique, il nous reste tout juste un mois et nous ne savons toujours pas si nous pourrons naviguer légalement sans parler qu'il nous manque le pilote du bateau accompagnateur et que bien évidemment nous ne pouvons pas connaitre la météo qui sera celle qui décidera de toute manière malgré tout ce que nous pourrons préparer.

La perspective de l'échec est palpable. Je suis pourtant motivé à bloc, je ne peux pas supporter l'idée d'abandonner. Tout le monde commence à mettre les freins moi j'accélère le mouvement, tendu le monsieur dirait n'importe qui, oui je suis tendu et alors ça vous gène ?

La réunion commence j'explique réponds aux questions, devant moi une légende des sports de mer Français. L'idée lui plait mais ce sont les autres interlocuteurs qu'il faut convaincre et ça ne passe pas. Pendant une heure j'explique, essaye de démontrer la faisabilité du projet, montre nos compétences. Mais au final une voix me dit : « nous ne voulons pas de précédent, envoyez votre dossier mais nous ne voulons pas de précédent faites autre chose. » Je sors de là fourbu, je demande si j'ai été bon à Tatiana et la réponse est courte : « non pas vraiment ». Elle veut tout dire. Pourtant je m'accroche encore au rêve, je vais voir un de nos partenaires, il équipera du matériel le plus performant en matière de repérage le bateau accompagnateur, mais il nous manque le pilote.

Je reste encore un peu à Paris rédigeant ce fameux dossier qui doit partir dans un bureau obscur de l'administration des affaires maritimes. Pourquoi ai-je de l'espoir encore ? Je ne sais pas, je crois en ma bonne étoile, toute les entreprises que j'ai mené ont été menacées d'échec à un moment donné et beaucoup se sont réalisées au dernier moment.

Nous avons reçu tellement d'avis positifs et de petits coups de pouces que je n'arrive pas à imaginer que tous nos efforts ne vont pas être récompensés.

Je ne supporte plus les papiers, les appels téléphoniques aux uns aux autres, il reste quinze jours et je n'ai pas reçu de réponse.

Le dernier acte se joue à travers un coup de téléphone et un courriel. « Mais monsieur, nous n'avons pas votre dossier de toute façon nous ne vous donnerons pas l'autorisation en principe. » Stupeur, angoisse, je renvois tout en urgence. Le lendemain j'ai la réponse officielle : autorisation refusée, pas de précédent. Je ne sais pas qui a joué au chat et à la souris avec nous mais de toute façon la réponse est là, sans équivoque possible. On me propose de longer les côtes comme parcours de remplacement. Outre que nous n'avons pas besoin d'autorisation pour y naviguer, il n'y a aucun intérêt à le faire. J'ai la Manche en travers, j'y ai cru jusqu'au dernier moment et tout tombe à l'eau.

C'est notre projet qui est touché coulé, torpillé, au fond de l'eau, dans les abysses, abandonné.

C'est dans le haut Jura en ski de fond que nous nous donnons rendez-vous pour prendre une décision sur notre avenir de Manchiste. Moi avec ma peur de manquer à ma parole, les autres avec leurs désillusions, la décision est tombée durement.

Pour le début de l'année nous voulions lancer un message aux français : avec de la volonté et un coup de pouce on peut accomplir des miracles mais tout le monde n'a pas joué le jeu. Nous aurions dû le faire en pirate ou avec les anglais, il y avait aussi la solution du pavillon belge. Là c'est moi le frondeur peut être qu'un jour je déciderais de hisser le Jolly Roger mais ce n'est pas d'actualité.

Les Rousses, j'arrive de nouveau par Paris. Nous parcourons les derniers kilomètres. Dans la voiture il y a de l'énervement. L'argent qui a été récolté, les gens qui nous ont aidés qu'allons nous leur dire ? La question se pose pendant quelques heures. Nous trouvons enfin Jean-Claude et Pauline et la réponse fuse : On passe au plan B. « Nous relierons les îles Anglo-Normandes à Saint Malo. » C'est Jean-Claude qui a parlé. De l'île de Jersey à Saint Malo un parcours « aérien » si vous me passez l'expression.

Je mets tout de suite un bémol, c'est deux fois plus dur, deux jours de navigation au lieu d'un et c'est loin des côtes. On calcule, on sonde les cartes, on s'oriente. Deux fois plus long, dix fois plus beau, avec un bivouac sur une île sauvage au lieu d'un pseudo record, une véritable petite aventure où on pourra dire : « Regardez comme c'est beau ».

« D'accord, on y va, la Manche en travers prend tout son sens et ce coup ci pas de bureaucrate pour nous dire ce n'est pas possible. »

Grace aux îlots sur le parcours nous serons tout le temps dans la légalité vis-à-vis de la législation française concernant les limites de distances de navigation autorisée même si dans la réalité des choses le parcours est beaucoup plus engagé en termes de difficulté que Douvres Calais.

Alors que nous avions perdu une bataille, Jean-Claude nous prouve encore une fois sa détermination à faire quelque chose au-delà de la normale même pour une personne normale. D'ailleurs c'est quoi une personne normale ? Je ne connais que des gens avec des handicaps plus ou moins visibles, lui au moins c'est clair, il ne voit rien.

Il me fait de nouveau douter de moi-même, sa volonté serait-elle plus forte que la mienne ? Même sur les skis il m'a étalé. Il y a bien sûr une paire de ski de fond qui ne fonctionne pas et avec laquelle je passe une journée en enfer sur le blanc des pistes de fond du haut Jura. Mais surtout je ne suis pas en forme, complètement stressé, par mon travail d'écrivain, par tous ces espoirs et ces désillusions sur notre projet.

D'accord on y va, après tout pourquoi pas. Pauline et Tatiana sont ravies. Moi je me demande vraiment qui est le meneur de l'équipe et si je suis fou de suivre cet homme.

Entre les quatre un énorme travail a été fait pour trouver de l'argent, des contacts et tout mettre en place. C'est vrai que ce serait dommage de baisser les bras. Ici, chacun prend ses responsabilités et assume sa part de travail en plus en y ajoutant un sourire.

L'équipe est prévenue, des défections, des changements de rôle s'opèrent, mais on y va. Jean-Pol, Tatiana, Pauline, Eau d'Ile qui ont déjà fait un gros travail de préparation suivent. Il faut trouver un nouveau bateau accompagnateur, prévoir une nouvelle route, calculer les coefficients de marée, déterminer de nouvelles dates, bref repartir de zéro où presque. J'ai du mal à me relancer dans cette nouvelle aventure.

Les éléments positifs de la suite de cette histoire sont que le gros du matériel est acheté et arrivé que nous avons l'argent pour tout réaliser et que nous avons du temps pour continuer la préparation. Notre cohésion de groupe s'est renforcée même si certains jouent avec mes nerfs et qu'il sera compliqué de prendre la décision de les garder dans le groupe.

Un décès dans ma famille écourte notre petit stage de ski de fond. Décidemment, il fallait que cette traversée ne se fasse pas.

Le jour J qui aurait dû être celui de la traversée le temps est beau et calme entre Calais et Douvres alors qu'il faisait mauvais partout depuis quelques semaines. Nous aurions réussi à la faire cette manche. D'un côté je suis content car j'avais choisi la bonne journée pour traverser, de l'autre je suis très déçu de ne pas avoir pu naviguer. Il faut tout oublier et se concentrer sur le nouveau projet. Malgré tout, le passage dans le Jura n'est pas un échec bien au contraire, il a montré que nous étions plus que quelques illusionnistes un peu trop rêveurs et que l'équipe est très dure et puissante avec une vraie motivation et surtout que malgré les difficultés nous sommes capable de surmonter un premier échec.

Rendez-vous est pris dans deux mois dans le Marais Poitevin et ce sera la première semaine de Mai pour la tentative.

Valérie-Anne Moniot une productrice de films également attachée de presse m'appelle. Elle veut participer, c'est sa sœur qui l'a mis au courant, elle est séduite par le projet. Je ne la connais pas et une rencontre près de Libourne est organisée, il y a eu déjà beaucoup de beaux parleurs qui ont croisé notre route alors je veux savoir qui j'ai en face avant d'accepter sa coopération. L'entrevue est plutôt positive et comme si je n'avais pas suffisamment de travail je pars avec elle dans l'idée de faire un vrai film de nos aventures, dossiers de presse et autres papiers se préparent. Mon travail change, mais tous les jours notre petite sortie m'accapare plusieurs heures.

Jean-Claude maintenu au courant suit tout de près même s'il a pris du recul pour se protéger devant l'ampleur de la tâche. Moi je n'arrête pas essayant de tout préparer d'éliminer toutes les inconnues qui pourraient nous mettre en difficulté. Bien que je sois secondé, c'est à moi que revient de prendre énormément de décisions et ce n'est pas toujours facile d'être ainsi entre le marteau et l'enclume.

L'équipe a changé, même si le noyau dur est le même, un des kayakistes a jeté l'éponge, la sortie ne sera pas compatible avec son emploi du temps. C'était celui avec le meilleur niveau technique et j'ai absolument besoin de quelqu'un de plus comme lui. C'est une mauvaise nouvelle, encore une. Les Malouins proposent Hervé qui connait déjà Jean-Claude. J'hésite je voudrais le rencontrer avant la sortie mais c'est compliqué, je fais confiance à Jean Pol et Eau d'Ile.

De tous les côtés le projet est attaqué mis en difficulté mais quand quelque chose cède dans les heures qui suivent une solution meilleure que la précédente arrive. Nous avançons sans relâche et progressons contre vents et marées, seuls mes nerfs en prennent plein la figure et je me retrouve avec l'organisation d'un monstre entre les pattes. Entre eux tous, ils me mettent à mal chacun y allant de ses demandes, besoins parfois caprices, souvent une solution amène un problème qu'il faut également gérer, je suis l'interlocuteur de tous et souvent le décisionnaire.

Le fait d'être le point central de l'organisation me permet d'organiser la sortie comme je le désire en mettant en avant la sécurité du groupe mais aussi m'oblige à jongler avec tous les ennuis inhérents à ce fameux groupe. En rajoutant les médias sur le projet je ne me doutais pas que mon travail serait décuplé. Notre petit groupe d'une dizaine de personnes fonctionne bien malgré la charge de travail que ça m'amène et chacun met la main à la pâte mais c'est parfois dur de gérer cette organisation qui est devenu digne d'un très gros événement.

Il est loin le temps où dans ma petite voiture je me disais : « Et si nous faisions une sortie tranquille pour traverser la Manche. »

Dès que l'idée en l'air à été lancée elle m'a dépassé et je fais front mais on ne peut pas dire que tout se sera passé dans la fluidité et la facilité. Je rame et je m'accroche dur pour que notre bateau ne coule pas mais peu à peu je vois venir le port et son abri.

LE STAGE

Les giboulées de Mars n'en finissent pas, c'est dur de se mettre à l'eau dans le froid. Nous partons sur les conches du marais Poitevin. Je suis arrivé deux jours avant l'équipe pour passer un peu de temps avec Jean-Claude et Pauline. Les retrouvailles sont enthousiastes. Beaucoup de travail a été accompli et même si la traversée est dans deux mois, nous sentons enfin que nous touchons au but. Il reste relativement peu de problèmes à régler. Les inconnues ont disparu, dès que tout le monde sera là nous pourrons régler les derniers détails.

Nous partons naviguer avec un de leurs amis du marais. Joël le guide assez souvent, et très vite lui derrière, moi devant, chacun y va de son refrain et c'est le Bazar. Au passage d'un barrage je m'éloigne exaspéré.

Déjà que je ne sais pas où je vais puisque c'est Jean-Claude qui dirige notre visite et qu'il m'a dit qu'il était autonome ici. Là c'est devenu insupportable, c'est vraiment n'importe quoi. Des indications fusent de toutes parts une chatte ne retrouverait pas ses petits. J'ai besoin de travailler avec Jean-Claude et si tout le monde s'y met le système devient ingérable.

Bien sûr lui aussi explose et on s'envoie sur les roses. Lui me disant que je dois être plus attentif et faire attention, moi disant que si tout le monde s'en mêle on n'arrivera à rien. On grogne l'un sur l'autre un bon coup et puis on repart.

Pour des retrouvailles le ton est monté bien vite, Bien sûr, Jean-Claude a choisi des conches avec branches en travers et obstacles divers ce qui ne facilite pas notre tâche. Paradoxalement il choisit les itinéraires dans le marais Poitevin même si je le précède, il me fait naviguer sans connaitre notre circuit, en aveugle si j'ose dire et ce n'est pas simple pour moi. Je ne peux pas me déconcentrer. Il faut que je sois sans arrêt sur le qui vive. Les instructions fusent et il faut rectifier les trajectoires à chaque instant, je n'ai même pas la possibilité de me mettre en travers pour voir où il est. Le cou démonté, l'impression que la partie n'est pas gagnée accrochée au ventre nous rentrons pour manger, la tension est déjà présente entre nous deux, ça commence mal. Il a mis la barre haute d'entrée de jeu au lieu de nous retrouver dans une phase d'entrainement j'ai l'impression que nous sommes de nouveau dans un combat de coqs pour le pouvoir, pour savoir qui commande.

Nous repartons pour aller gouter chez Joël qui habite un peu plus loin au bord des conches, je ne me méfie pas, je crois que c'est un petit tour tranquille. Effectivement c'est tranquille mais à l'autre bout du marais et nous revenons à la tombée de la nuit, je suis exténué et trouve que mon hôte met la barre très haute et pas forcément de manière très sympathique. S'il veut faire exploser notre coopération il s'y prend très bien. Le combat pour savoir qui mènera le jeu est lancé et j'ai intérêt à faire très attention. Il me rejoue la sortie du Jura, à peine descendu de la voiture il m'a fait faire une sortie très longue pour être sûr de m'épuiser le premier jour.

Nos retrouvailles se soldent par beaucoup de questionnements dans mon lit le soir. Il est vraiment dans une phase en avant en avant et tant pis si ça explose comme en compétition. Ce n'est pas compatible avec notre projet où il faut être sûr d'arriver en gardant toujours de la réserve. Il se trompe complètement d'objectif. Il faut que je réussisse à changer cette façon de faire cette façon de penser, ce fonctionnement.

Le lendemain nous renaviguons cette fois ci nous sommes sur la rivière et nous retravaillons sa technique. Il a vraiment progressé et ça fait plaisir de le voir faire, nous rajoutons une clochette plus sonore, nos premières tentatives étaient trop timides. Entre nous le courant passe mieux mais je suis aux aguets, attendant de nouveaux éclats. Mais la journée se passe bien et je finis assez content de notre entrainement.

Le soir je dois aller chercher Gilbert notre cameraman parisien. Lui aussi est un sujet d'inquiétude. Spécialisé dans le rock saura t'il s'adapter, se faire oublier, s'intégrer dans notre groupe ? Nous partons avec Pauline et bien sur discutons de la navigation et de tout ce qui se passe. Je lui fais part de mes inquiétudes. Elle est plutôt confiante. Gilbert je n'ai aucune idée de qui il est, je vois un petit bonhomme sortir de la gare avec un gros sac de matériel vidéo, oui c'est bien lui.

Nous discutons facilement, la rencontre est simple, de suite je sens que nous allons fonctionner facilement. Une inquiétude disparait, c'est un grand garçon je n'aurais pas besoin de m'occuper de lui. La soirée est agréable, Gilbert a droit à la présentation du personnage principal et de l'équipe. La nuit se révèle réparatrice. Au matin, Eau d'Ile et Jean-Pol arrivent ils sont partis de Saint-Malo à six heures et les kilomètres ont laissé des traces.

Nous mangeons un peu après les présentations avec Gilbert et puis nous partons dans le marais. Jean-Claude sans me montrer la carte choisit de nouveau l'itinéraire. Tout le monde part le sourire aux lèvres, Gilbert commence à tourner depuis le kayak-biplace ramené par Pauline. Le temps passe dans la bonne humeur et bien vite la caméra s'intègre au groupe et n'est plus un obstacle au naturel de chacun.

Pourtant, même si ma connaissance du marais est quasi nulle je me rends compte grâce à mon sens de l'orientation que nous partons de plus en plus loin.Quand je me rends compte que Jean-Claude est en train de nous mener en bateau en allant au bout du marais, l'énervement me saisit. Il est en train de refaire le coup du Jura à nos équipiers qui ont déjà quatre heures de voiture dans les pattes et qui ne sont pas forcément en forme.

Moi je dois aller chercher Tatiana à la gare et je risque d'être en retard. Avec son toujours plus il m'énerve carrément, il met tout le monde dans la difficulté pour rien sauf se prouver à lui-même qu'il est très costaud et qu'il domine le groupe.

Finalement nous scindons le groupe en deux et je pars vraiment en colère. J'explique à Pauline qu'il faut qu'il se calme, le but n'est pas de crever tout le monde le premier jour, ça n'a aucun intérêt et que la traversée ne réussira pas s'il se comporte de cette manière. Nous avons besoin de faire attention les uns aux autres pour arriver au but ensemble et pas d'essayer de montrer au voisin qui est le plus fort ce qui démontre un esprit de compétition exacerbé et totalement contre-productif.

Pour réussir il faudra amener le plus faible au bout et de mes cinq coéquipiers ça peut être n'importe qui, même moi ou lui. Nous ne réussirons que si nous sommes très solidaires et attentionnés les uns avec les autres et là il ne me démontre qu'une chose c'est que c'est chacun pour soi et tant pis pour ceux qui ne suivent pas.

Dans la voiture en route vers Niort je ressasse tout ce qui s'est passé depuis trois jours. Mon inquiétude est grande que va-t-il se passer, entre moi et Jean-Claude ? Nous allons vers une confrontation directe. Des journalistes de France trois m'appellent pour prendre rendez-vous. Ils voudraient faire un reportage, j'explique notre préparation, notre objectif. Eux sont enchantés de venir nous rencontrer mais commencent déjà à poser leurs conditions pour l'organisation de l'interview comme si je n'avais pas suffisamment de choses à gérer. Tatiana qui a été difficile à joindre depuis quelque temps a également mis la pression. Je me sens prêt à exploser.

Depuis des mois je travaille à organiser cette sortie et au lieu d'avoir des gens qui me simplifient la vie les difficultés s'enchainent les unes après les autres, au gré des caprices de chacun. Il faut que je sois d'un contrôle personnel qui me stupéfie moi-même. Tatiana sort de la gare au moment où je me gare.

Le sourire aux lèvres après un bonjour rapide me demande comment tout se présente. Sans vraiment le savoir elle me permet de vider mon sac et ça me fait du bien. Nous rentrons rapidement et la soirée se passe gentiment, les problèmes ne sont pas abordés. Jean-Claude propose d'aller naviguer à la Rochelle pour le lendemain faire une petite sortie en mer. J'y vois la patte de Pauline et ça me soulage d'avoir quelqu'un qui m'aide enfin. Il veut rectifier le tir, je me décontracte mais je reste avec un doute que va-t-il se passer sur l'eau demain. La nuit porte conseil, mais je suis toujours sous tension.

Plusieurs mois plus tard nous reparlerons de cette sortie dans le marais. Jean-Claude m'expliquera enfin son attitude. Je me suis trompé sur ses intentions. En fait il veut tout simplement offrir le plus d'activités possible à ses invités. Il pense qu'en leur faisant parcourir le plus de terrain possible, ils apprécieront d'autant plus son marais.

Avec sa forme physique phénoménale, sa joie et son enthousiasme, il nous amènerait au bout du monde. Sans même s'en rendre compte il a tendance à oublier de regarder la forme des autres et de faire une sortie adaptée à leur niveau du moment. Ce qui donne un résultat parfois très perturbant et fatiguant pour tous.

Je le comprends très bien, il fut un temps où j'étais pareil. J'étais tellement entrainé que je faisais plus souffrir ceux que j'amenais qu'autre chose. Je faisais plus de trois cents jours de sport par an et évidemment j'avais une forme physique plutôt hors du commun.

Ceux qui me suivaient, surtout quand je ne me positionnais pas comme guide, devaient s'attendre à subir le même sort que ce que nous a joué Jean-Claude. Finalement, c'est un juste retour des choses qui me revient dans la figure. Effectivement quand il me l'explique, tout prend son sens. Quel dommage qu'il ne m'en ait pas parlé avant, nous aurions évité pas mal de conflits. Mais c'est la vie, et nous avions peut-être aussi besoin de cet affrontement pour mieux nous connaître.

La Rochelle, un port d'une grande importance pour moi, d'ici je suis parti pour rejoindre Paris un certain vingt Octobre 2007, ici j'étais arrivé de mon Béarn natal quelques mois plus tôt et entre temps j'avais été voir près du pôle ce qui s'y passait. De nous retrouver toute l'équipe ici est quelque chose d'important pour moi, de significatif et d'heureux. Tout le monde l'est d'ailleurs même la météo qui nous fait profiter d'un beau soleil. De sortir du marais et de se mettre à l'eau en mer change radicalement mon Jean-Claude. Nous retrouvons instantanément notre cohésion qui prenait l'eau ces derniers jours. Elle renait de ses cendres telle le phénix.

Le lien invisible qui nous unit revient plus fort que jamais. Si mon esprit se détache de lui il finit dans une branche, une rive ou sur mer s'égare. Télépathie ou autre chose je ne sais pas ce qui nous relie mais ça existe. Notre volonté souvent s'accroche, deux êtres entiers qui ne se font pas de concessions ça peut faire peur, surtout à l'entourage. Pas de concession de la part de l'un vis-à-vis de l'autre. Si ça n'explose pas on ne fait pas non plus dans la douceur et l'enrobé de la diplomatie. En rugby ce seraient des échanges directs et virils. Ici, c'est la mer qui ne supportera pas le mensonge et les faux semblants alors autant mettre les choses au point immédiatement et ça marche.

J'améliore mon guidage, lui son coup de pagaie. Nous nous sommes retrouvés ça fait plaisir et l'équipe s'unit même si les peurs et les doutes des uns et des autres apparaissent parfois. Nous visitons le port, repartons au phare du bout du monde, croisons la bouée de Richelieu. Nous prenons plaisir à naviguer et la sortie se déroule tranquillement dans des bonnes conditions pour tous. Le pique-nique et la petite sieste digestive sur la plage clôturent la sortie sur une bonne note. Nous faisons une interview avec Gilbert qui s'acclimate tellement bien que nous le ressentons comme quelqu'un qui fait partie de l'équipe. Nous répondons assis sur des rochers avec vue sur la mer à ses questions, tout va bien.

Les journalistes m'appellent, ils désirent changer l'heure de rendez-vous. Finalement ils m'avoueront que c'est pour amener les enfants à l'école et malgré ma contrariété j'abdique au moins c'est une bonne excuse. Gilbert interviewe l'équipe au grand complet et parfois ce n'est pas facile de se livrer devant un micro pour certains.

Le repas est chaleureux pourtant il faut aborder un thème important. Nous devons parler de l'organisation de notre sortie sur le terrain. Je connais l'envie de Jean-Claude qui est d'arriver le matin même, d'embarquer et hop de tout traverser. Pour moi c'est un peu du holdup et un risque d'avoir de mauvaises surprises au dernier moment. Cette idée là ne me convient pas, quitte à aller sur cette île autant la visiter et surtout ne pas commencer avec la fatigue inhérente au voyage. J'ai sondé l'équipe tout le monde est d'accord pour arriver la veille et embarquer tranquillement mais sans se prononcer vraiment. La réunion commence et je monte vite en pression, Jean-Claude ne cède pas malgré toute mon argumentation. Au bout d'un moment pour ne pas exploser je quitte la salle.

Je suis vraiment en colère, finalement je reviens et nous passons à tous les autres points. J'indique quand même que je partirai avant, pour trouver l'embarquement et organiser notre départ jusqu'au moindre détail. Mais pour ne pas nous confronter à nouveau nous laissons le sujet en suspens. L'avenir nous guidera vers la décision à prendre dans les jours précédents. Chacun se retrouve avec les tâches qu'il doit réaliser et nous laissons juste ce point en suspens.

Les journalistes arrivent bien sûr en retard, nous allons jouer aux comédiens dans le marais. Ils nous font faire des tours et des détours et nous font parler de nos envies.

La caméra s'éteint soit disant et on me demande quel est le principal défaut et la principale qualité de Jean-Claude et là ça sort tout seul « c'est une tête de mule ! » pour le meilleur et le pire. Je rajoute que nous faisons la paire et que c'est certainement pour ça que nous allons réussir. Sauf que ni micros ni caméras n'étaient éteints et cette subtile phrase va sortir au journal télévisé quelques heures plus tard. La gaffe est faite il ne reste plus qu'a l'assumer. A mon soulagement personne ne le prendra mal.

Nous quittons le Marais le stage a fini de structurer le groupe. L'équipe est bien huilée, bien réelle et de première qualité. Tout baigne, elle ne lâchera pas sous la première pression à froid. Les gens disparates d'il y a six mois forment un bloc compact aujourd'hui. La mayonnaise a pris. Nous sommes prêts à nous mettre à table, pour avaler les milles marins.

TENSIONS

Les deux mois suivants sont chargés de travail pour moi, cette année le printemps est mauvais, la pluie les dépressions s'accumulent. Les problèmes de dernière minute se suivent, entre les journalistes qui me semblent de plus en plus de grands enfants, les demandes et les envies parfois surprenantes des uns et des autres mes nerfs ne se relâchent pas. L'organisation relayée sur le terrain par Jean-Pol est efficace, il répond à mes demandes et trouve des solutions aux problèmes. J'enrage d'être à neuf cents kilomètres du lieu de nos aventures, je ne peux pas me rendre compte de ce qui se passe réellement et parfois j'ai du mal à le gérer. Ma tension nerveuse est à son comble.

Ma collaboration avec Valérie-Anne se poursuit, j'insiste pour que Gilbert fasse partie du voyage et finalement ça se fait.

Enfin ! La grande décision approche.

Il reste dix jours, le temps est exécrable, je pense qu'après la pluie vient le beau temps. Les prévisions sont mauvaises, tout le monde craque même les Malouins se reposent sur ma décision, je vais être le Gourou jusqu'au bout. Faire venir des gens de Reims, de Paris et moi même des Pyrénées n'est pas anodin.

Les congés de certains doivent être posés en avance et aucune décision simple ne se dessine. Je sais pertinemment que si j'annule cette tentative ce sera très compliqué de retrouver un créneau qui convienne à tous et que de nouveaux problèmes apparaitront.

Le téléphone sonne c'est une dame de Jersey : « bonjour nous voudrions vous aider, je vous passe mon mari ». L'une de mes dernières inconnues était l'accueil sur l'île et le transport du matériel. Les solutions envisagées n'étaient pas vraiment convaincantes, campings fermés officiellement, transport par un privé qui coutait horriblement cher. J'avais même envisagé de faire passer un véhicule avec le matériel mais du coup Pauline ne pouvait pas être avec nous et c'est quand même le pilier de Jean-Claude dont il a besoin pour se sentir en sécurité. Rien de très satisfaisant en somme. Pour éviter les problèmes j'avais décidé de partir à l'avance et de régler les histoires d'hébergements et de lieux d'embarquement au dernier moment mais là non plus la solution n'était pas bonne, des inconnues encore à gérer, des surprises de dernière minute toujours à prévoir.

Gérald a lu notre histoire dans un article du journal local et voudrait nous donner un coup de main. Je suis un peu méfiant mais finalement décide de lui exposer nos problèmes. Il nous faut un hébergement, un lieu pour embarquer, un véhicule pour transporter les kayaks à la sortie du Ferry. Je cherche même un bateau pour transporter des journalistes. Les réponses sont simples et concises, nous pouvons aller dormir sur sa pelouse, il a une remorque pour les kayaks viendra nous chercher à la sortie du bateau, et nous montrera un endroit pour embarquer. Il me propose même sa vedette avec comme équipage son frère qui est le chef des sauveteurs en mer de l'île pour amener les journalistes.

En raccrochant, je suis perplexe, c'est un ange ou un fabulateur ? Je décide de lui faire confiance, je n'ai rien à perdre. J'appelle la journaliste lui indiquant le prix de la location du bateau, nous avons de l'argent mais pas de quoi à payer des voyages VIP pour journalistes en manque d'aventure, là aussi si elle veut venir il faudra qu'elle s'investisse comme tout les autres. Quand je lui parle de dormir sur la plage sous tente je sens que ça coince également. Elle en parle au rédacteur en chef et me donnera une réponse. C'est important qu'elle vienne même pour le reportage que nous avons prévu mais elle n'est pas ma priorité portant je fais tout ce que je peux pour lui faciliter les choses.

Jean-Claude se montre méfiant quand je lui parle de l'appel téléphonique. J'irais donc avec Tatiana en reconnaissance sur l'île deux jours avant pour m'assurer de tout mais je le comprends. Si jamais ce monsieur me lâche j'aurais encore le temps de réagir même si ma marge de manœuvre sera réduite en temps, les dés sont lancés. Un des derniers grands problèmes est levé du moins en théorie.

Le bateau accompagnateur a pu compléter son équipement. J'ai pu parler avec Hervé qui nous hébergera à notre arrivée et surtout qui va naviguer avec nous. Son problème de Sinus est arrangé et j'aurais un peu de temps pour le découvrir. Eau d'Ile est prête avec le ravitaillement même si nous ne sommes pas tout à fait d'accord sur les menus. J'ai même contrôlé la batterie de cuisine pour savoir si nous aurions le nécessaire.

Je suis partout, regarde, inspecte, contrôle sauf que ça se passe à neuf cents kilomètres de distance et que rien n'est simple. Je conseille même Gilbert le caméraman sur les problèmes liés à l'utilisation de matériel en milieu très humide. A part la journaliste qui me fait tourner en bourrique tout semble prêt. Valérie-Anne aussi est assez nerveuse elle doit envoyer les communiqués de presse et je ne peux pas lui donner de réponse significative et positive.

On annule ? On y va ? Je dois prendre la décision, depuis le vendredi une éclaircie semble se dessiner, mais si le matin tout va bien, le soir c'est la catastrophe. Les doutes sont apparus de tous côtés, la météo fait des tours et des détours, je deviens chèvre mais n'en faisons pas un fromage. Instable c'est le moins que l'on puisse dire, avis de vent frais, force 6, vent du Sud, du Nord Ouest, d'Ouest, calme rugueux.

Doutes, craintes des uns des autres, matériel qui manque, derniers préparatifs. Cinq jours avant d'embarquer et je n'ai pas pu prendre de décision, pourtant le coup de main de Gérald le Jerseyen qui nous accueille chez lui au pied levé m'incite à vouloir le faire. Jean-Pol, Jean Pierre et Hervé les Malouins essayent avec moi de trouver une solution. Nous travaillons avec trois sites météo et chaque site donne des prévisions différentes. Ces dépressions ne veulent pas partir.

Jean-Claude parle d'annuler, tout le monde est au supplice. Coup de poker, loterie, pas raisonnable, attendre une période anticyclonique, autant de mots qui se bousculent, se précipitent, mettent le désordre dans ma tête. De l'appel que je vais passer dépend le sort de notre belle histoire. Un poids énorme pèse sur mes épaules je suis le décisionnaire final si ça réussit je serais un champion sinon un moins que rien. « Jean-Claude, il semble que nous ayons une fenêtre le trois et le quatre, tu es d'accord ? » Une acceptation, un sourire par téléphone. D'accord c'est parti, on y va. Des sonneries dans la nuit, une phrase, des acquiescements, dix personnes tournent leur regard vers Saint Malo et la Manche.

Tatiana est surprise, elle avait déjà pris son billet de train, ça me détend et me fait rire quand elle me le dit, pour elle c'était évident que nous partions naviguer, pour moi beaucoup moins.

SAINT-MALO

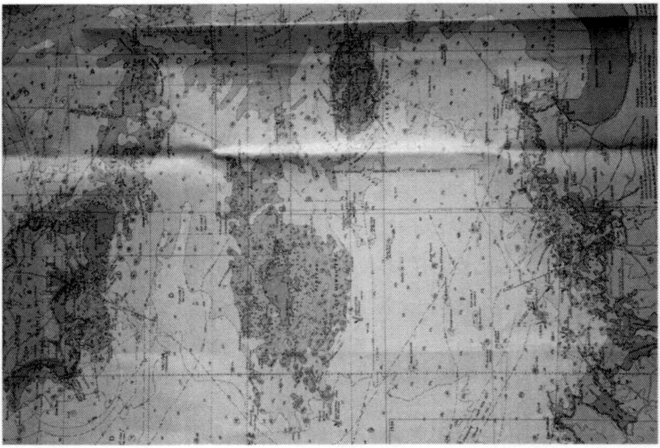

Je monte dans la voiture, je suis le premier à partir pour le port Corsaire. Ce matin je n'ai pas regardé la météo. Je ne veux plus sauter au plafond. Les prévisions changent trop souvent ces derniers jours pour que mon moral ne s'en ressente pas. Je sais que chaque jour qui passe, elles sont plus précises.

Ce soir Saint-Malo demain Jersey en Ferry avec la rencontre avec Gérald qui m'attendra à la sortie du bateau. Un avis de grand frais est prévu, j'espère que le Ferry ne sera pas coincé à quai.

Le téléphone sonne sans arrêt dans la voiture, la journaliste m'annonce qu'elle a trouvé une demi-solution pour venir avec un voilier le deuxième jour à notre rencontre depuis Saint-Malo. Le rédacteur en chef du Journal télévisé de France 3 Bretagne voudrait qu'on vienne sur le plateau le jour de notre arrivé mais vu qu'il fait une semaine sur deux il va transmettre l'information à l'autre rédacteur en chef car il ne sera pas là. Valérie-Anne pousse d'autres journalistes vers nous et je réponds. Tatiana confirme son train, je la récupère ce soir à la gare. Gilbert arrivera plus tôt que prévu. Les Malouins sont prêts à nous accueillir même si nous avons changé d'hébergements au dernier moment. Jean-Claude et Pauline confirme que tout va bien et arrive également un jour à l'avance.

Notre conflit sur l'arrivée dans l'île pour embarquer a disparu de lui-même, il n'y a pas de Ferry qui arrive en matinée et donc nous arriverons la veille pour embarquer tranquillement après une bonne nuit de repos. J'attends avec impatience ma rencontre avec Hervé qui est un élément clé de cette aventure et que je ne connais pas encore. Ouf ! Tout va bien, la réussite n'est pas acquise mais tout va dans le bon sens. Pourvu que l'accalmie prévue par la météo se concrétise. Je me sens plutôt joyeux, bien que préoccupé par toutes les vérifications et tous les détails à régler. Je retrouve Jean-Pol nous allons à la gare, Tatiana vient juste d'arriver. L'équipe est en train de se regrouper. Nous allons chez Hervé pour dormir. Les doutes se dissipent d'eux-mêmes, l'accueil breton est super, nous sympathisons naturellement, simplement avec lui et Patricia sa compagne. La proposition de Jean-Pol et d'Eau d'Ile de l'intégrer dans l'équipe était bonne. Si la météo tient le coup nous aurons toutes les chances de réussir.

Enfin nous y sommes, le Ferry emporte Tatiana et moi-même vers Jersey, deux vélos sont dans la soute. Le vent est violent, les vagues prononcées mais le temps est beau. Nous allons découvrir l'île et Gérald. Nous croisons l'archipel de Chausey et les îles des Minquiers, je prends un maximum de repères, je grave tous les éléments visuels dans ma mémoire. Cette route nous la suivrons en sens inverse dans quelques jours mais ce sera en kayak cette fois ci. L'air marin me fait du bien, je suis content d'être sur l'eau. L'île de Jersey apparait, nous débarquons et passons la douane nos vélos à la main. Nous cherchons du regard notre futur Hôte. Un monsieur assez âgé approche il a une belle carrure et fière prestance.

Dans sa jeunesse beaucoup de filles devaient se retourner sur lui. Il a tenu parole, nous laissons nos vélos accrochés dans le port et partons en voiture avec lui. Il nous fait découvrir la cale où il pense que nous devons embarquer. Sans connaitre j'aurais mis deux jours à la trouver, c'est la bonne, il y a toujours de l'eau même à marée basse et elle est suffisamment abritée pour que nous puissions embarquer avec facilité. Ensuite il nous fait visiter une partie de l'île, les anciennes installations militaires de triste mémoire puis nous amène chez lui et nous fait découvrir un immense carré de pelouse, nous serons bien ici.

Tout en repartant vers le port il nous raconte certaines histoires de la seconde guerre mondiale particulièrement terrifiantes. Des hommes sont morts dans des tunnels, sous terre, ignorés de tous, et son père comme tous les paysans du coin avait été obligés de collaborer en amenant des provisions à ces prisonniers qui n'ont jamais revu la lumière du jour. Ici, les restrictions furent terribles et les iliens ont tous souffert de l'occupation. Le rendez-vous est fixé il nous attendra à la sortie du bateau dès que l'équipe sera là.

Nous profitons des heures d'attente qu'il nous reste pour visiter, un petit tour dans la ville bien riche, tout est à prix d'or.

Nous changeons un peu d'argent, la livre de l'état de Jersey est reine et pas moyen de payer en euros, banque oblige. Le pays est riche et les cottages sont très bien entretenus. Le bord de mer est une succession de plage, nous trouvons un fort du moyen âge qui regardait vers la Normandie et bifurquons vers l'intérieur des terres. Les routes sinueuses sont bien plus agréables à suivre en vélo qu'en voiture. L'herbe est verte le pays ne manque pas d'eau et le paysage de bocage est changeant, distrayant notre regard à chaque tournant. Bien sûr nous nous perdons dans le labyrinthe de chemins qui s'ouvrent devant nous mais l'endroit est bien agréable. Nous appelons Jean-Pol lui expliquant que tout va bien et lui demandant de prendre les billets de Ferry pour le jour J, plus rien ne semble aller contre nous.

A bord du ferry, nous regagnons Saint-Malo contents, tout se présente bien, quelles seront les nouvelles en arrivant ? Nous rentrons chez Hervé, demain le reste de l'équipe arrive. Jean-Pol est là avec une mauvaise nouvelle. La compagnie de Ferry veut nous faire payer le passage des kayaks à prix d'or alors que la gratuité nous avait été proposée. Le budget transport explose, encore une contrariété et celle-ci de taille, on nous demande plus de 400 € de passage plus nos places. Notre seul espoir est que la dame que Jean-Pol avait rencontrée était absente. Elle sera là demain, nous irons la voir et certainement que tout s'arrangera. Mais ces coups de peurs de dernières minutes me deviennent insupportables, je suis fatigué de régler des problèmes.

L'apéro du soir sert également de réunion. Tatiana, Patricia, Eau d'Ile, Jean-Pol, Jean-Pierre notre commandant de bateau suiveur, Hervé sont là. Nous scrutons intensément les cartes, elles ont été imprimées par les Malouins, nous en avons trois, une générale et ensuite une par jour. Nous contrôlons les horaires de marées. Il faudra partir fin de marée descendante début de montante. Nous changeons également d'itinéraire nous irons directement à Chausey. Ca allonge le premier jour mais ils connaissent bien le bivouac alors que les Minquiers sont plus compliqués pour la nuit. Le seul souci est que la marée du deuxième jour nous sera rapidement défavorable.

Nous calculons l'itinéraire, inspectons la météo. Ensuite vient le moment de parler de l'organisation sur l'eau, ce sera moi devant suivi de Jean-Claude, Tatiana en électron libre sera chargée de filmer et de faire des photos ce sera dur pour elle. Il faudra passer devant, s'arrêter, repartir quand tout le monde est passé, recoller au groupe puis accélérer de nouveau, en navigation ce sera elle qui aura la partie la plus difficile. Jean-Pol et Hervé seront en arc de cercle derrière, il ne faut pas qu'il y ait de dernier, si jamais il y avait un problème personne ne s'en rendrait compte et nous pourrions le perdre. Bien sûr chacun a une VHF et un sifflet pour alerter mais il faut que tout le monde soit visible sans interruption. C'est moi qui donnerai le rythme et le cap.

Et puis nous parlons de Jean-Claude, ma première consigne est que tout va bien même dans le pire des cas. Il faut qu'il ait totalement confiance en nous. Le deuxième point est qu'il faut éviter que tout le monde lui donne des informations en même temps, il s'y perd. Jean-Pol en est bien conscient, il m'a relayé plusieurs fois dans le marais. Si j'avais un problème il pourrait me remplacer. Un troisième point c'est que s'ils ne sont pas d'accord avec mes décisions il faut qu'ils m'en parlent à part pour éviter que Jean-Claude ne s'inquiète. Un quatrième point c'est que tout simplement nous ne naviguons pas pour nous mais au service de Jean-Claude.

Cette organisation commando me met dans la peau d'un dictateur et j'ai du mal à l'assumer mais je m'y sens obligé. Personne ne porte de vraies oppositions et tous semblent approuver, bien sûr nous discutons de certains détails mais dans l'ensemble nous sommes tous d'accord. Le Courlis IV, le bateau à moteur de Jean-Pierre suivra à vue pour permettre à Gilbert de faire les images nécessaires pour le film.

Chacun aura une carte un compas une VHF et j'aurais le GPS. Tout semble en ordre. Un sujet de légère discorde est le matériel de bivouac, pour moi il doit aller dans le Courlis IV en gardant nos vêtements dans les kayaks pour nous changer en cas de retard de sa part et nous ne devons emporter que nos vivres de courses chacun les choisissant en fonction de ses goûts. D'autres opinent que chacun doit être autonome et avoir tout son matériel à bord. Je finis par trancher sur le sujet au nom du « pour voyager heureux voyageons léger ». Le repas apaise les rivalités, l'équipe est soudée et tous nous avons envie que le départ arrive. La nuit est courte pour certains.

Nous filons au port et retrouvons la dame qui s'était occupée de Jean-Pol, elle confirme la première version ce sera quarante euros pour les bateaux et non quatre cents. Les billets sont payés dans la foulée et rejoignent nos poches. Un autre problème disparait.

Direction la gare où nous récupérons Gilbert notre cher caméraman. A notre retour Jean-Claude et Pauline sont là. Il ne reste plus qu'a faire les préparatifs, bien que chacun s'occupe de son matériel personnel je contrôle tout. Vérifie l'état des batteries des VHF, refais des cartes, contrôle les pagaïes, les gilets au point d'en être pénible. Je vérifie la nourriture, nous décidons d'amener du fromage de chez moi et du champagne de Reims que Jean-Claude a amené. Il y aura trop à manger, les sacs s'accumulent il ne faut absolument rien oublié mais ne pas trop se surcharger.

La remorque est chargée, les chariots pour tirer les kayaks inspectés. Le matériel devra être en parfait état et totalement adapté. Ca bouge dans tous les sens tout le monde s'affaire. Enfin ça y est, a part quelques bricoles le fourgon est chargé, la remorque prête.

Il ne reste plus qu’à manger et dormir. Demain est le grand Jour.

JERSEY

Jean-Pierre, Jean-Paul et Eau d'Ile partent pour l'île, sur le bateau accompagnateur les premiers. Nous les retrouverons plus tard très secoués par leur traversée, la mer ne sera calme qu'a partir de demain.

Nous allons nous glisser vraiment dans une petite fenêtre météo de deux jours, notre chance est insolente le mauvais temps qui finit ce soir reprend avec un avis de grand frais dans trois jours et nous sommes là avec le soleil et un vent qui s'apaise juste pour nous. Deux jours de soleil rien que pour nous.

Nous venons de passer la douane, des journalistes sont venus faire des photos et des articles. Tatiana, Pauline, Hervé, Gilbert, Jean-Claude et moi montons enfin dans la coque de fer, la cane Blanche effleure les ponts d'acier du ferry, les kayaks sur leurs chariots sont dans la cale, l'équipage est aux petits soins et ils nous attendaient. Une dernière inquiétude le Ferry va-t-il pouvoir partir.

CONDOR

Les amarres sont décrochées, un coup de sirène, nous sortons du port, entrons dans la baie de Saint-Malo ça y est nous partons, enfin après tant de mois de préparation nous la tenons notre Manche en travers. Nous sommes tous émus. Dans deux jours nous reviendrons ici mais en kayak. Quatre vingt kilomètres à parcourir à la force des bras, juste pour une idée en l'air. Nous croisons l'archipel de Chausey. Longeons celui des Minquiers, le port est devant nous, j'ai tout décrit à Jean-Claude, Pauline l'a fait également. Le bateau ralentit et peu à peu vient à quai. Nous débarquons et avec nos petits kayaks sortons du monstre d'acier. La douane est devant nous, nous passons. Jean-Pol, Eau d'Ile et Jean-Pierre sont là. Gérald arrive, je fais les présentations. Nous chargeons tout sur la remorque de notre sauveur jersiais.

Le bateau est dans le bassin du port, à cette nouvelle Gérald nous dit qu'il faut le sortir sinon demain matin il sera bloqué par l'écluse et ne pourra pas naviguer avec nous. Jean-Pierre et Jean-Pol qui ont décidé de dormir dessus s'en chargeront. Nous partons très heureux pour rejoindre notre campement, le repas est une petite fête improvisée dans son garage. Notre hôte est ravi, nous aussi, demain réveil à six heures pour embarquer. La tension est quand même là, mais le moral comme le temps est au beau fixe.

L'EMBARQUEMENT

C'était juste hier tout ça, finalement le plus simple c'était hier et là nous sommes sur la cale d'embarquement et Jean-Pol ainsi que le Courlis IV ne sont pas là. Je suis en colère, étonné, depuis que nous travaillons ensemble Jean-Pol n'a jamais failli, toujours à l'heure, toujours le bon renseignement. Nous n'avons pas beaucoup de marge de manœuvre pour partir et mon plus fidèle assistant est en retard. Que se passe-t-il ?

Ils ont fait la fête et ne se sont pas réveillés ? Je n'y crois pas. Ils sont en panne ? C'est peu plausible. Ils sont bloqués dans le port fermé ou par un autre bateau ? C'est le plus logique. Nous envoyons Pauline et Odile vers la Marina je fais équiper tout le monde. Tout peu encore basculer, nous pouvons perdre avant de commencer, tout le monde se veut rassurant en disant qu'ils vont arriver d'un instant à l'autre. Moi je suis sûr qu'ils sont bloqués.

Il y a un élément plus grave encore que leur absence c'est que je n'ai ni GPS, ni cartes. J'ai failli aller les chercher sur le bateau hier soir et puis je me suis dit que je pouvais avoir confiance qu'il n'y aurait pas de soucis et là ça coince complètement. Toujours être prêt à tout et ne compter que sur soi-même et je me fais avoir comme un débutant. De nouveau je dois prendre une décision grave, attendre et perdre la marée ou partir au compas à l'ancienne. Si Jean-Pol n'arrive pas, partir sans lui en kayak et surtout sans bateau accompagnateur. En cas de problème nous ne pourrons compter que sur nous-même. Je fais trainer les préparatifs pour leur laisser du temps mais c'est autant de temps que nous perdons sur les courants et notre future vitesse compromettant la réussite de la manche en travers. Je contrôle de nouveau tout, chez tout le monde comme je le ferais avec des touristes.

Ils ont bien travaillé, il ne manque rien. Ma tension est prête à exploser, je n'arrive que très difficilement à la cacher.

Je dois tenir le coup moralement. Je calcule : j'ai navigué au compas pendant plus de deux milles kilomètres pour rejoindre Paris depuis mon Béarn natal souvent dans le brouillard ce n'est pas une étape sans GPS qui va m'arrêter. Les cartes, nous en avons quelques unes même si il manque la bonne. Mon instinct ne m'a jamais trompé, c'est plein Sud de toute façon. Au pire nous pouvons rejoindre le Cotentin à marche forcée si nous perdons l'ile. Nous ne sommes que quatre, Hervé et Tatiana sont solides. Je perds mon remplaçant éventuel si Jean-Pol n'arrive pas mais Hervé doit pouvoir me remplacer il est éducateur sportif depuis des années et Jean-Claude a très vite sympathisé avec lui. Tatiana est totalement autonome et sera capable d'assurer le cas échéant. A part un accident physique nous pouvons gérer la situation. Seul Gilbert ne pourra pas filmer et ça c'est grave pour la suite des événements après la traversée. Au pire il n'y aura pas de film mais au niveau de la navigation nous restons cohérents et je me fais confiance, il va falloir naviguer à l'ancienne à l'instinct comme j'ai toujours fait, ce n'est que plus beau nous y serons pour de vrai sans pouvoir tricher.

Normalement le Courlis IV devrait pouvoir nous rattraper en cours de route avec ses puissants moteurs. La décision est prise nous partons en laissant tout le matériel sur le quai sans assistance.

Jean-Pol arrive en courant essoufflé. Effectivement le bateau est coincé dans le port et sortira plus tard je ne dis rien mais mon corps et mes yeux parlent pour moi. Je lui dis de se changer, que nous partons sans bateau suiveur, qu'il devront nous retrouver sur l'eau. Nous avons nos vêtements pour l'arrivée à Chausey, des vivres pour attendre le Courli IV en cas de besoin. La situation n'est pas parfaite mais bonne si nous étions dans le cadre d'une sortie normale sauf que ce n'est pas le cas. Ma responsabilité vient encore de monter d'un cran, je serais totalement indéfendable si il y a un accident pourtant j'assume. Je n'ai rien dit à personne pour le GPS et la carte, je ne veux pas que Jean-Claude parte l'inquiétude au ventre.

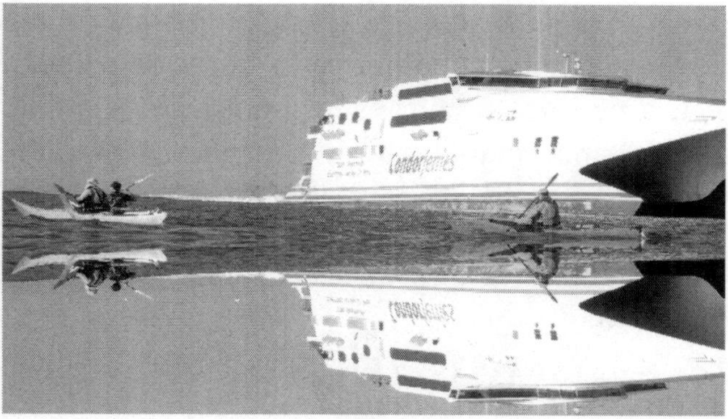

Enfin les kayaks sont sur l'eau, les premiers mètres sont un peu hésitants chacun cherche sa place mais tout naturellement elle se fait. Jean-Pol m'a donné un cap à suivre, malgré moi je l'ai un peu renvoyé dans les cordes. Je sais qu'il a fait le maximum pour cette sortie. Si la mer ne les avaient pas autant secoués hier, les vagues déferlaient sur le pare-brise du bateau, ils auraient été là, ils ont eu peur c'est compréhensible mais ça n'arrange pas mes histoires. Nous croisons la bouée du port et commençons à longer la côte dans le chenal. Nous sommes à l'abri du Ferry et des éventuels bateaux pour l'instant. Le monstre d'acier en provenance de Saint-Malo arrive, je crains sa vague d'étrave mais il a suffisamment ralenti pour ne pas nous faire craindre d'incident. Malgré tout je préviens Jean-Claude quand elle arrive.

Les instructions, j'ai commencé à les donner à mon acolyte et ça va durer deux jours. Peu à peu nous quittons les contreforts de l'île, nous abandonnant au tapis roulant de la marée.

Le cap 156 est trop près de la route des Ferrys je le dévie vers l'Est légèrement pour essayer de sortir de l'influence de l'île sur les courants et qu'ils nous aident plus. Nous avons deux heures de retard que nous risquons de payer cher en fin d'après midi. Nous avons 40 kilomètres à parcourir avec le jeu des dérives dûes aux courants ce sera certainement cinquante réels que nous encaisserons dans tout notre corps et demain il faudra recommencer. J'essaye en vain d'imaginer ou en est le Bateau suiveur ont-ils pu sortir enfin du bassin, sont-ils en train de charger ? Combien de temps mettront-ils à nous rejoindre ? Vont-ils nous retrouver ?

Nous sommes au ras de l'eau et très peu visibles, il va leur falloir être très bons pour voir les points que nous sommes sur l'immensité de la mer. Les radios vont-elles fonctionner. Je garde l'espoir de les voir arriver rapidement ce serait un grand allégement de mes responsabilités, une sécurité dont j'ai bien besoin et je crois que tous nous devons penser de la même manière.

Nous passons devant un cargo à l'amarre en haute mer, je jette un coup d'œil en arrière la côte et sa sécurité sont toujours là. La vraie décision doit être prise maintenant, une heure que nous naviguons, tout se passe bien. Mais maintenant c'est comme un peu se jeter dans le vide, soit nous faisons demi-tour et renonçons soit nous filons en avant, toujours plus en avant en sachant pertinemment que je ne verrai rien devant moi, juste l'aiguille du compas et la mer. Je scrute les visages ils sont sereins. Je leur demande, On y va ? Il y a un petit silence, c'est un moment important. La décision est prise et ils me suivent tous. Jean-Claude se dirige au tintement de mes clochettes et de ma voix. Il est escorté de Tatiana, de Jean-Pol et d'Hervé. Nous y sommes pour de vrai, les faux semblants ici n'ont plus court.

Bien sûr, la petite erreur lourde de conséquences, c'est moi qui l'ai faite, je n'ai ni GPS ni carte, ils sont restés à bord du Courlis IV.

Je fonctionne à l'instinct, à ma mémoire visuelle et au compas. Seul j'en serais enchanté mais avec quatre personnes sous ma responsabilité le jeu n'est plus le même. Bien sûr nous sommes tous des experts ou des navigateurs chevronnés capables d'assurer la sécurité du groupe mais je voulais une sécurité optimale et c'est raté. Il manque un élément pour que tout soit parfait et il est de taille, le bateau accompagnateur.

Pourtant la confiance de Jean-Claude même s'il ne sait pas pour l'absence du GPS me donne une détermination, une capacité d'analyse, hors pair. Chaque élément m'apparait, je l'analyse, le comprend l'identifie instantanément, ma tension est perceptible pour tous. Le fait que personne ne soit en souffrance que tous me donnent leur confiance me pousse à sortir le meilleur de moi-même. Chaque fois que je regarde l'un ou l'autre c'est l'impression qu'ils me donnent, le doute ne fait pas partie de l'équipe et chacun donne le meilleur de lui-même sans même l'envie d'une plainte. C'est une Dream Team qui navigue, un bloc humain sur leurs petits bateaux.

La monotonie de ceux qui font la route, de ceux qui voyagent, s'installe peu à peu, une parole de temps en temps, le rythme des clochettes qui tintent sur le silence de cette immense étendue d'eau deviennent notre univers.

Tatiana vient filmer de temps en temps troublant cette conversation silencieuse avec notre intérieur. Je jette un coup d'œil en arrière régulièrement mais je ressens la présence de Jean-Claude juste derrière moi. Il me confirme que c'est pareil pour lui. Nos rivalités passées ont disparu, se sont dissoutes au fond de l'eau sur les réseaux sociaux nous pourrions marquer en couple. La détermination de tous s'est unie en une seule volonté. Jean-Claude n'est pas un poids mais un moteur qui crée la cohésion du groupe. La confiance de chacun se répand de l'un à l'autre en vague. Même la mer semble contente, elle est joueuse mais n'essaye pas de nous ralentir. Elle nous secoue gentiment au fil des fonds et des courants marins sans jamais nous mettre en alerte. Eole quand à lui, nous pousse tout doucement cela ressemble plus à une caresse qu'à un gros méchant vaurien bousculant tout sur son passage.

Le temps passe, chaque heure nous faisons une halte de dix minutes. Chacun boit, se restaure, cherche le bateau suiveur, nous lançons un appel sur la VHF espérant le capter mais le haut-parleur reste muet. Nous sommes seuls et bien. Puis les coups de pagaies reprennent a un rythme lent, lancinant mais sans arrêt et toujours régulièrement. Il y a peu d'échange entre nous, étant devant je ne vois personne les oubliant parfois mais Jean-Claude sait me rappeler sa présence d'un Hop pop pop qui deviennent certainement les trois mots les plus courants que nous utilisons.

Nous croisons des cailloux, des ilots loin sur notre droite certainement les Minquiers ou nous aurions du aller dormir si nous n'avions pas décidé le changement d'itinéraire. Nous avançons régulièrement, lentement mais surement. Mon cerveau est en attente du Courlis IV, les heures ont passé et il n'est toujours pas là.

A une pause je me rends compte qu'il n'y a plus de terre dans notre dos et encore moins devant nous, quand à la côte Normande elle a disparu sous des bancs de brume, nous sommes aussi aveugles que Jean-Claude qui en est tout heureux, pour une fois il n'est pas désavantagé. Bien sûr j'ai le compas sous les yeux mais le soleil est trop haut pour me faciliter l'orientation seul le vent et la direction des vagues m'aident un peu. Je suis confiant je sais que même si notre route n'est pas parfaite nous sommes sur la bonne direction.

Cinq heures que nous naviguons, nous avons croisé seulement trois bateaux et ce n'était pas le Courlis nous avons fait attention de ne pas être sur leur route, personne ne s'est détourné pour venir nous voir. Nos appel à la radio VHF n'ont rien donné de plus. Je m'inquiète un peu pour eux, ils ont pu tomber en panne, une avarie est toujours possible. Il n'y aura pas de film ce qui me met en colère. Ce silence est étrange, il est étonnant qu'ils ne nous aient pas retrouvés, à l'allure où nous allons ils auraient dû nous rattraper en moins d'une heure après leur sortie du port. Un rivage apparait, un instant d'incertitude, une discussion avec Jean-Pol : « Les îles des Minquiers, le continent ? Non, c'est bien l'archipel de Chausey. » La nouvelle est bonne nous sommes sur le bon cap.

La fatigue qui commençait à se faire sentir disparait pendant un moment. Chacun se détend un peu, même moi. Pourtant je préviens que la partie n'est pas gagnée. Le chemin est encore long avant d'être à quai. Je rectifie le cap. Jean-Pol m'indique le cap du bivouac mais il veut que nous allions au port plus loin pour voir si le bateau y est. J'ai du mal à accepter ça rallonge notre route et nous prive de la sécurité de passer derrière l'île pour nous protéger du renversement de marée et de ses courants. J'obtempère de mauvaise grâce, mais c'est vrai que c'est eux qui ont le matériel de bivouac et les repas alors il vaut mieux les retrouver. Un haut fond que nous traversons forme des vagues plus fortes et nous partons souvent en Surf, Jean-Claude y arrive très correctement et nous faisons une navigation en crochet pour essayer d'en profiter au maximum même si le résultat est plus ou moins douteux.

Enfin nous discernons le relief, les cailloux, l'herbe, l'appel de la terre se fait sentir et c'est un petit soulagement bien agréable mais notre chemin est encore long. Tous nous recommençons à serrer les dents, c'est dur physiquement et moralement. « Ramer plus pour gagner plus, ce que j'ai fait aucun phoque ne l'aurait fait », une citation de mon ancien PDG du Kayak-Postal. Oui il faut encore ramer pour arriver mais le moral est au beau fixe, les mains ne tremblent pas quant aux phoques ça les feraient bien rire de nous voir. Je ne crois pas non plus qu'ils pourraient comprendre l'intérêt de ramer dans la vie. Eux jouent, font l'amour, et mangent, une vie simple et facile en somme. Les muscles sont durs mais ne faiblissent pas, encore deux heures sans filet et nous pourrons poser pied à terre. Nous avons mordu à l'hameçon de l'aventure alors assumons.

Ça fait huit heures que nous pagayons et enfin nous sommes dans la baie amenant au port, mais le Courlis IV n'est toujours pas visible, au moins nous allons pouvoir descendre des kayaks. Nous distinguons parfaitement les fenêtres des maisons et même des objets devant les portes puis un homme qui marche. Un gros bloc de rocher cache une partie du port et nos amis ne sont toujours pas visibles. Jean-Paul et Hervé sont partis devant, tout danger est écarté nous venons de faire la première étape, le vent est doux, le soleil brille la vie est belle.

Nous trainons un peu, et enfin derrière ce dernier obstacle nous les découvrons. Ils sont à l'amarre, le soulagement arrive mais je me tiens à l'écart. L'ours que je suis pourrait exploser et ça ne servirait à rien. Je me mangerais bien tout cru cet équipage et j'ai du mal à me contenir, je laisse les explications pour plus tard.

Demain sera un autre jour et puis j'apprends qu'ils nous ont cherchés mais que sur la mer ils n'ont pas réussi à nous voir. La petite erreur du matin aurait pu nous couter cher mais au final ça ne donne que plus de valeur à l'équipe. Jean-Claude Biraud craque un peu dans les bras de Pauline. Il a bien de la chance de pouvoir le faire. Il vient d'accomplir une navigation exceptionnelle, exemplaire dans des conditions difficiles d'ailleurs que ce soit Tatiana Sagatni, Hervé Duclos ou Jean-Pol Buf tous peuvent être fiers de cette journée qui devrait être inscrite dans les annales du kayak français. Rien ne nous a été donné mais grâce au courage, à notre solidarité et à la persévérance de tous, nous sommes arrivés. Il reste la deuxième étape mais nous venons de réussir la première partie de la manche en travers.

LE BIVOUAC

On repart en direction du bivouac, un petit kilomètre qui pour moi est vraiment long, la fatigue entre la tension et le voyage pèse bien lourd tout à coup. Il faut encore accoster dans une crique entourée de petites falaises bien à l'abri du vent et dont le sol est un joli sable bien agréable sous nos premiers pas titubants.

Bien sûr je suis le dernier à débarquer et c'est avec un ouf de soulagement que je le fais. Les kayaks sont remontés bien au-delà de la marque des marées, je les fais attacher ensemble au cas où le vent viendrait nous rendre visite et ça servira de corde à linge. J'en ai vu voler à cinq mètres du sol sur une rafale, ça fait peur en plus ils risquent de casser ce qui serait plus grave.

Jean-Pierre avec l'annexe du bateau décharge le matériel et les naviguants nous l'aidons à tout débarquer, il faut plusieurs allers retours au bateau pour le faire. Le seul qui est peinard avec Pauline c'est Jean-Claude qui sirote une petite bière tranquillement assis, quel veinard. Enfin nous mettons nos vêtements de terriens. Jean-Pierre m'évite un peu, nous nous jaugeons, parlons un peu de tout et de rien et puis d'un commun accord silencieux nous passons l'éponge sur ce sacré bateau coincé dans un bassin ou il n'aurait jamais du être.

Chacun va de son côté planter sa tente, gonfler les matelas pour la nuit, installer les duvets. Enfin je démarre les réchauds et leur ronron me rappelle le Spitzberg ou j'aimais tellement ce moment qui me permettait de m'isoler des touristes qui m'accompagnaient et de trouver un peu de calme, mais avec Eau d'Ile ma copine adorée que j'aime tant, pour la tranquillité c'est raté, la bougresse veut prendre en charge les fourneaux et me vire manu militari. Je suis obligé sous la contrainte d'aller boire l'apéritif avec les autres, je ne suis plus le patron dictateur et j'en suis ravi mais ne vous frottez jamais à elle ça peut être chaud comme rencontre. La journée ne semble pas vouloir finir, explications, discussions, rires, réconciliations se succèdent autour du repas que nous répartit la cuistot en chef.

Eau d'Ile a fait que les chemins de chacun se sont croisés un jour. En fait c'est à cause d'elle que tout s'est produit. J'aurais su ce qui m'attendait alors que j'allais en kayak à Paris il y a cinq ans quand je l'ai rencontrée dans le port de Saint-Malo un soir d'hiver en pleine nuit, je me serais attaché une corde au cou lestée avec une pierre et j'aurais plongé au fond du port. Quoique à la réflexion ça aurait été marée basse et je me serais fait mal sans pouvoir m'échapper. Au fond, elle nous fait un très beau cadeau en nous ayant permis cette rencontre et cette aventure.

Un moment d'inquiétude me saisit quand le bateau part pour se mettre en sécurité au port. Avec la marée basse il se retrouverait échouer s'il restait ici. Sera-t-il là demain ? La nuit tombe, belle, étoilée, douce, personne ne traine et déjà les yeux se ferment, un ronflement se fait entendre dans le lointain mais nous ne dirons pas qui c'est. Tout va bien. Une toute petite vague qui s'éteint sur la plage me fait lever l'œil, demain sera un autre jour.

LE JOUR LE PLUS LONG

Les réchauds ronflent, l'eau chauffe pour le petit déjeuner. Eau d'Ile plus puissante qu'un clairon sonne le réveil s'attirant les foudres de certains. Le bateau accompagnateur n'est pas encore revenu au mouillage. Pourtant nous devons partir vite, Les courants de la marée montante nous seront contraires et nous ne pourrons pas les éviter.

Il faut partir le plus rapidement possible sur la fin de la marée descendante. Les tartines ont rejoint nos ventres, les tentes sont pliées, le bateau apparait, l'annexe accoste sur la plage. Un petit soulagement m'envahit, tout va bien nous ne serons pas retardés. Nous prenons même le temps de jouer aux acteurs en simulant quelques faux départs. L'annexe nous suit avec le cameraman. Pauline, Eau d'ile, Gilbert ont rejoint capitaine Jean-Pierre. Après un bref briefing pour recadrer tout le monde et que chacun reprenne sa place en commentant la journée d'hier, je reprends la tête du groupe. Nous n'aurons réussi la Manche en travers qu'en débarquant à Saint-Malo, les sourires se sont fermés un moment, nous n'avons fait que la moitié du parcours.

La mer est relativement calme et je file vers le large, Jean-Claude juste derrière moi, Jean-Paul, Tatiana et Hervé en arrière. Nous passons au milieu de quelques blocs rocheux de l'archipel, refuge naturel des oiseaux marins. Des vagues bien plus hautes que hier nous accueillent. Cap à l'Ouest pour sortir de l'île, je veux essayer de dépasser l'axe Nord Sud de notre port d'arrivée pour éviter les courants contraires. Avec Jean-Pol nous en avons discuté, ce serait le mieux en théorie. Mais le continent que nous voyons nous attire inexorablement.

C'est un vieux réflexe de kayakiste, rejoindre la terre en ligne droite donne un sentiment de sécurité qu'il est difficile de contrôler même s'il nous induit parfois en erreur. En mer le chemin le plus court n'est pas forcément le plus rapide. Alors je prends un cap intermédiaire qui devient rapidement une ligne directe sur le port de Saint-Malo. Je sais déjà que c'est une petite faute de navigation mais que nous pourrons y pallier.

Le psychologique est un des moteurs les plus importants de la réussite et parfois une erreur devient un gage de succès et c'est le cas dans notre situation. Ils ont tous un très bon niveau, mes compagnons sont tous des kayakistes chevronnés mais je suis le seul qui ai l'habitude de naviguer au large. En prenant un cap direct vers le port je fais une concession à l'équipe qui doit garder le moral au beau fixe et qui me convient également.

La mer s'amuse avec nous et c'est dans un mètre de houle que nous avançons. Monter, descendre nous n'en finissons plus mais c'est plus agréable que dangereux. La météo qui était annoncée capricieuse est raisonnable et c'est une très belle journée qui nous accompagne. Plus nous nous écartons de l'île, plus les vagues diminuent. Jean-Claude ne se fait pas prendre en faute, l'entrainement de cet hiver a payé, tout va bien.

Le bateau s'éloigne un peu nous laissant tranquilles, mais d'un appel radio il serait là rapidement. L'erreur d'hier ne s'est pas reproduite et finalement a été sans conséquences. Je crois même pouvoir dire qu'elle donne encore plus de valeur à ce que nous sommes en train de réaliser. A un rythme élevé nous arpentons le chemin, une petite pause toutes les heures pour garder la cohésion du groupe et ça repart. Jean-Claude me dit que je ne suis pas assez présent avec ma voix, il me gronde. Je fais plus attention, c'est vrai que j'ai tendance à oublier complètement sa cécité et à me fier au seul son des clochettes et à mon intuition. Les autres suivent respectant les consignes de sécurité. Tatiana fait son électron libre, pour prendre photos et filmer, le temps passe et aucun incident notable ne se produit. Un bateau à moteur rapide fonce vers nous, cela pourrait être un navire officiel. J'appelle Jean-Pierre pour qu'il nous rejoigne si nous avons un contrôle mais c'est juste le Ferry de liaison avec l'île de Chausey. Les passagers nous font de grands bonjours et tout se passe bien.

Nous nous rapprochons lentement de la terre puisque nous sommes presque en parallèle avec elle. Je discerne l'anse de Saint-Malo bien que nous soyons encore loin. Malgré mon envie de rejoindre la côte je ne cède pas à son appel essayant de garder l'espoir de ne pas devoir lutter contre les courants contraires mais c'est peine perdue.

Je regarde vers les maisons, par habitude je sais que quand je distingue parfaitement les fenêtres des bâtiments, il me reste une heure trente avant de rejoindre la côte. Quand je verrai les gens sur la plage nous serons encore à une demi-heure du bord. Si les fenêtres sont visibles vu que notre route longe la côte nous ne nous en rapprochons pas vraiment. Jean-Claude remonte le moral de certains qui commence à fléchir, c'est toujours lui le moteur de l'équipe.

Les bras font mal. L'un ne veut plus marquer les pauses, l'autre trouve que ça va trop vite. Le troisième a envie d'aller à la plage pas si lointaine et Jean-Claude récupère tout le monde. Quant à moi je boirai bien un rhum couché dans un hamac. Quant à notre non-voyant il va bien même si ses épaules se sont voûtées et que son rythme est moins fluide qu'au départ.

Les simples encouragements des uns aux autres suffisent à tout recadrer, oui nous sommes là pour un rêve, oui nous irons au bout et l'attitude de Jean-Claude suffit à renforcer la volonté de chacun.

Je suis toujours très tendu, très concentré ce n'est pas un petit tour dans l'eau que nous faisons. Tatiana essaye de me décrisper mais en vain. Pour moi cette sortie se fait sous une tension extrême qui semble être valable pour tous.

Etant devant, donnant le rythme, surveillant Jean-Claude je n'ai que de rares contacts avec les autres. Je sais que si je lâche le rythme nous accumulerons rapidement du retard alors j'avance accélérant par courte période. Je voudrais éviter ces fameux courants contraires. Je fixe le GPS que j'ai récupéré hier soir, oui nous sommes toujours en vitesse positive mais nous franchissons trop peu souvent la vitesse de cinq kilomètres heure à mon goût. Les courants contraires, on va les avoir en plein dans le nez. Inexorablement, j'infléchis notre route vers la côte, ils devraient être moins puissants vers le bord, au pire nous ferons du rase-cailloux.

Un voilier arrive, c'est la télévision, ils ont eu beaucoup de mal à nous trouver. Evidemment il faut se mettre à leur disposition, évidemment ça m'énerve et quelques gentillesses sont envoyées au cameraman tout en restant fairplay. Pour leur permettre de nous interviewer, je m'accroche à leur bateau, Jean-Claude se tient à moi.

Je ne m'en rends pas compte mais les autres sont en train de lutter de haute volée contre les courants et notre moyenne est en train de tomber rapidement. Contre l'avis du cameraman je me place systématiquement en protection entre Jean-Claude et le voilier. Il est hors de question qu'il puisse se faire aborder par ce qui est un géant à coté de nos bateaux de cinq mètres de long pour soixante centimètres de large.

Enfin, ils s'écartent. Nous entendons Eau d'Ile hurler dans la radio VHF pour contacter ses amis kayakistes qui doivent venir à notre rencontre. Je m'amuse à lui répondre et me fais envoyer dans les roses, ah je l'aime cette Eau d'Ile, quel caractère de feu. Nous sommes proches du cap qui marque l'entrée de la baie de Saint-Malo, à partir de là les courants nous pousserons vers le port. Elle essaye de joindre les membres du club de la côte d'émeraude.

Nous voyons enfin la citadelle et ses remparts, des kayaks nous rejoignent peu à peu. C'est escortés que nous longeons la cité Corsaire. Des klaxons et cornes de brumes se font entendre, encore un effort et nous arriverons. Pourtant je ne me détends pas, ce sera seulement une fois le pied à terre que je relâcherai la pression. Je fais très attention aux autres usagers, une collision au dernier instant serait catastrophique. Nous voyons le ferry qui fait route vers Jersey partir. Il y a deux jours à peine nous étions dedans pourtant tout est si différent aujourd'hui. Nous voulions réaliser un rêve, il sera une réalité dans quelques minutes.

A force de volonté des uns et des autres nous sommes en train de gagner notre pari mais surtout nous vivons une belle histoire dans un endroit somptueux. Bien sûr Jean-Claude est le héros de l'histoire, mais c'est le travail, la générosité de tous qui sont récompensés.

Pauline qui vit au quotidien avec Jean-Claude palliant à toutes les difficultés de son handicap jour après jour, le poussant en avant, c'est elle qui devrait être récompensée d'une médaille.

Tatiana qui a recueilli des fonds et mis tout son réseau d'amis à la disposition du projet. Jean-Pol qui a organisé notre accueil à Saint-Malo. Hervé et sa douce qui ont hébergé tout le monde. Jean-Pierre qui a mis son bateau à notre disposition. Gérald qui nous a piloté à Jersey. L'impétueuse Eau d'Ile qui a créé les conditions de la rencontre de tous et assuré l'intendance.

Toutes les personnes qui par leurs dons ont permis au projet de se réaliser, mais aussi et surtout nous ont encouragés par leurs actes. Sans eux cette histoire n'existerait pas ou serait bien plus stérile, juste une espèce de record vide de sens. Ce sont eux qui font la richesse de l'aventure avant tout. Ce sont eux qui corroborent cette idée « qu'avec un peu de volonté et un coup de pouce on peut réaliser de grandes choses. »

Nous venons de franchir la digue du port, l'eau est calme nous passons entre les piliers du quai des Ferrys, quelques vedettes partent vers le large, un voilier prépare ses voiles, je ne lâche pas encore la bride à Jean-Claude, l'incident est encore possible. Notre joli rêve est en train de se concrétiser, même si la fatigue est présente même si toute la préparation a été très compliquée il est déjà en train de passer dans la catégorie des très bons souvenirs mais il manque encore de poser le pied à terre. Ce qui semblait être impossible est devenu une réalité, toute l'équipe à l'heure de la vérité à été présente active et efficace. Chaque coup de pouce donné par les uns et les autres prouve une fois encore que la solidarité est un mot très précieux dans notre langage.

Finalement la traversée aura été plus simple que la préparation de tout cette histoire un peu folle qui aura duré plus de huit mois.

Nous avons dû changer notre projet initial après avoir essuyé ce refus des autorités mais nous avons gagné au change en faisant un parcours bien plus beau, cette équipe disparate est devenue un bloc qui certainement continuera à vivre de belles aventures au fil des années à venir.

Il reste cinquante mètres à parcourir, je demande à Jean-Claude de me remplacer à la tête du groupe. Nous sommes tous rassemblés, ensemble, dans son sillage, sa volonté a mené le projet à terme. Des voix depuis le quai essayent de le guider, je fais de même, malgré quelques hésitations il débarque le premier, la tête haute, l'aventure est finie. Des journalistes l'interviewent, le filment, je le rejoins. L'émotion est palpable entre nous. Une goutte de sel me fait frotter mon œil, certains titreront que j'en avais la larme aux yeux.

le reste de l'équipe attend un peu à l'écart. Timidité, modestie envers le monde des médias, bien qu'ils nous laissent le premier rôle je regrette leur absence.

Il faudra plusieurs minutes pour qu'enfin nous soyons à moitié entre nous, puisque du monde restera un long moment autour de notre groupe. Photos souvenirs, accolades, une sacrée page de notre vie s'achève et nous sommes vraiment heureux d'être réunis avec une belle aventure à notre actif. Elle sera certainement la porte ouverte à d'autres rêves. Mais déjà, il faut remettre les pieds sur terre, charger les kayaks, nous habiller.

Finalement nous n'exprimerons réellement notre joie que lors de l'intimité du repas qui nous attend dans une jolie maison bretonne. La nuit est là des étoiles brillent, demain il pleuvra et le vent reviendra mais pour nous cela n'aura plus d'importance la mer nous a acueilli et permis de réaliser notre projet, c'est elle finalement qu'il faut remercier.

Bien sûr, sans les coups de pouces des uns et des autres cela n'aurait pu se réaliser. Bien sûr si nous avions su les difficultés que nous allions rencontrer nous aurions dit que c'était impossible de le faire, mais nous avons finalement accompli notre rêve.

Il manque quelques phrases à dire pour que ce livre soit complet, celles de Jean-Claude, je lui laisse le plaisir de clôturer ce récit :

A l'occasion de ma participation aux Jeux Paralympiques de Lillehammer, préparation physique, stages d'entrainements, tests de sélection étaient devenus mon univers quotidien, jusqu'au jour de la compétition. Tension nerveuse, stress supplantaient largement le plaisir et la joie de la participation. Pendant les Jeux, je n'avais qu'une idée en tête : être à la hauteur des espérances que l'ont avait mises en moi.

Ce n'est qu'au retour en France, auprès de mon entourage que j'ai pris conscience de l'originalité de l'évènement que j'avais vécu. La joie et une petite fierté ont commencé à apparaitre progressivement au fil des jours.

Le projet de la manche en travers n'était pas une compétition.

Malgré tout, les difficultés de l'organisation, l'importance de l'entrainement m'ont conduit à prendre la même attitude que lors des Jeux Paralympiques quelques années auparavant. J'ai découvert de nouveau ma capacité à me concentrer et à me fixer sur un seul objectif à court, moyen ou long terme.

Dans la période précédent les évènements importants de ma vie sportive, il y a peu de place pour mes émotions diverses telles que joie ou plaisir. Durant les longs mois de préparation, j'ai découvert ma capacité à déléguer les tâches de manière à mieux me protéger pour être plus efficace en faisant confiance aux autres.

La participation à ce genre d'évènement est une occasion extraordinaire de mieux me connaître. Cette nouvelle expérience ne peut que me rendre plus fort pour aborder les aléas de la vie quotidienne.

Il m'aura fallu plusieurs jours pour que je prenne réellement la mesure de ce que j'avais réalisé avec toute l'équipe. Le kayak, la mer ont progressivement disparu de mes rêveries nocturnes.

Raconter, écrire, témoigner, m'ont permis de prendre du recul par rapport à l'évènement et de mieux analyser l'intérêt d'avoir fait ce périple.

Etre non-voyant, c'est déjà original. Autant l'être un peu plus en osant, en réalisant un projet qui me fait rêver. Ces histoires de vie, bien que passagères, sont toujours l'occasion de développer de nouveaux contacts, des relations privilégiées riches en émotion.

Jean et l'équipe m'ont offert un cadeau. La plus belle façon de les remercier, c'était de leur montrer qu'avec de la volonté, quelles que soient les difficultés de la vie, on peut reculer toutes les limites.

Une fois surmontées les gènes occasionnées par ma maladie, j'en apprécie d'autant mieux la chance de vivre. Vivre ou mener sa vie sont deux notions tout à fait différentes.

Les personnes qui n'ont pas de problèmes apparents, ne se rendent pas compte du bonheur qu'elles ont. Les handicapés ne sont peut être pas ceux que l'on pense. J'ai souvent l'impression que l'handicapé ce n'est pas moi, mais les autres.

Ce projet «la manche en travers» a eu pour effet principal de me faire entrevoir de futures aventures. Imaginer de nouveaux terrains de jeux, étudier d'autres régions à découvrir, anticiper et mesurer les problèmes de logistique.

Ce sont autant d'occasions de continuer à avancer dans la vie de tous les jours.

Préparer un nouveau projet, c'est quelque part continuer à manger la vie à deux cent à l'heure.

L'Equipe

Jean-Claude Biraud

Jean Capdevielle

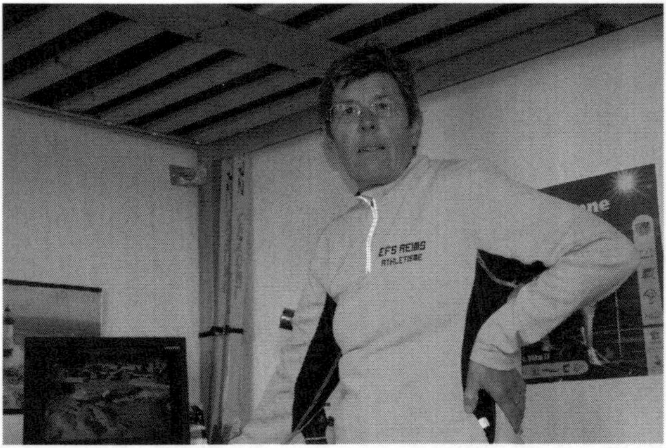

Pauline Biraud

Tatiana Sagatni

Jean-Pol Buf

Eau d'Ile

Léonore, Hervé Duclos, Patricia

Jean-Claude et Gérald

Le Courlis IV

Capitaine Jean-Pierre, Gilbert

Merci à tous ceux qui ont permis
à ce rêve de se réaliser !

Notamment : Valérie-Anne Moniot
l'EFS Reims Athletisme

Crédits photos :
Pauline Biraud, Tatiana Sagatni, Jean-Pol Buf
Mise en page : Camille Billemont

Déjà parus aux éditions Osolasba :

Gérard le voyageur sans histoire, Jean Capdevielle

Le Kayak-Postal, Oloron-Paris en kayak,
Jean Capdevielle & Francis Cha

Le chant de l'île Polaire, Jean Capdevielle

Haut Béarn Sauvage, Jean Capdevielle

Leonardo le vautour Bio-Nettoyeur,
Jean Capdevielle

Ni Bleu Ni Blouse, François Chaffin

La Légende de Lesterorlutz, Jean Capdevielle

Le planteur d'arbres, Jean Capdevielle

Griffes de velours & Poil à gratter, Francis Cha

La Voie de Malte, Jean Capdevielle

Fifi la Brebis, Catherine Arhex

Bilingue : *Fifi la ŝafino* (esperanto)

Fifi l'aulheta (béarnais)

Fifi ardittoa (basque)

Editions Osolasba, 30 rue Jean Mermoz, 64400 Goes